Collana
SCUOLA DI CUCINA

**Secondo Natura**
*di Mila Colonna*

Collana: Scuola di Cucina
Prima edizione: novembre 2020


*Progetto editoriale a cura di Martina Vignozzi*

*Impaginazione a cura di Francesca Follini*

**Gruppo Editoriale Santelli**

Santelli editore
Viale G. Mancini 236,
Cosenza 87100
0984.406939
info@santellieditore.it
www.santellieditore.it

MILA COLONNA

# Secondo Natura

SANTELLI
EDITORE

*Alla mia famiglia, al suo calore e alla sua*
*meravigliosa, caotica imperfezione.*
*A mio padre e a mia madre,*
*perché è a loro che devo quello che sono.*
*A Vittorio, sempre accanto a me,*
*nella luce e nelle ombre.*
*A Bach, April e alla Pippi,*
*perché la vita non sarebbe così divertente senza di loro.*

# Prefazione

Ho conosciuto Mila qualche anno fa. La vidi per la prima volta, a Bari, affiancare il dott. Franco Berrino, in un duetto per me inedito. Non l'avevo mai vista prima, lo ammetto. Sembrava una ragazzina.
O meglio, molto giovane lo era comunque, ma sembrava ancora più piccola della sua età. Eppure aveva un piglio e una sicurezza da professore universitario.
Chiudevi gli occhi e ti facevi trascinare solo dalla sua competenza, ogni interferenza spariva. Un imprinting che non ho più cancellato dalla memoria, e che, ogni volta che ci siamo rincontrati, le ho sempre puntualmente ricordato.
Di strada, in pochi anni, Mila ne ha fatta molta, a grandi balzi. Continuando sempre a studiare – cosa che ci accomuna – è diventata uno chef, ha diretto cucine, ha formato moltissime persone sulla sana e corretta alimentazione.
Mancava solo il libro. Il primo, mi auguro, di una lunga serie.
Vi confesso che – zitti zitti - ne avevamo in cantiere uno a quattro mani qualche anno fa, ma il progetto, per le cose della vita, è poi stato rinviato. Era destino, si vede, che il primo dovesse portare solo la sua firma. E che io dovessi esserne comunque testimone.
Orgoglioso testimone.
Secondo Natura è il manifesto di Mila Colonna.
Ci si ritrova lei, in tutto e per tutto. La sua visione del cibo e della cucina, la precisione maniacale, la completezza delle informazioni. È la guida che non dovrebbe mancare in una cucina consapevole, anzi, in nessuna cucina.
Ci sono informazioni che avrei voluto trovare io all'inizio del mio percorso, molti anni fa. E che, in verità, non ho trovato neppure dopo.

Alimenti, caratteristiche nutrizionali, tempi e trucchi per la cottura, idee per l'acquisto consapevole: niente è stato dimenticato. Dai cereali ai legumi, con una parentesi sui prodotti derivati dalla soia. Dagli ortaggi alla frutta, dalla frutta a guscio ai semi. E, infine, le alghe.

Questo libro è Mila quando è in cucina, Mila quando sale su un palco, Mila quando spiega durante un corso o uno show cooking. È Mila nella scelta delle ricette, che traggono ispirazione dalla memoria familiare, dalla macrobiotica, dalle culture del mondo, ma che poi, prima di rivedere la luce, si bagnano di Mediterraneo.

È Mila, anche quando vi bacchetta sulle qualità degli ingredienti.

Ma questo testo è anche una scuola di cucina concentrata.

Non manca nulla, teoria e pratica. Illustra le caratteristiche degli alimenti e fornisce le ricette base (e avanzate) per poterli utilizzare, facendo decollare la fantasia.

Un manuale da tenere sempre a portata di mano.

*Stefano Momentè*

# Secondo Natura

## 'SCELTA' VEGAN?

Non si 'sceglie' di diventare vegani. Lo si è. Oppure no.
Solo che non sempre ne siamo coscienti.
O meglio, non necessariamente.

Spesso lo siamo già da bambini.
Quando fermiamo la mamma ad ogni passo per spostare le chiocciole dal selciato nelle giornate di pioggia o quando salviamo una lucertola dai ragazzini del campeggio. Nella dedizione con la quale abbiamo accudito un gattino per strada o rinunciato al tramezzino del pranzo per condividerlo in molliche con le anatre al parco.
Lo facciamo ancora oggi, ma senza farci notare troppo.
Nel modo in cui ci siamo presi cura di topi, conigli e lombrichi alla pari di un cucciolo e nel dolore che proviamo alla vista di un randagio maltrattato.
Siamo vegani nella misura in cui a tutte le età ci sentiamo dannatamente felici e in pace con noi stessi quando siamo immersi nella Natura, dove tutto sembra immensamente grande e noi immensamente piccoli; allora vorremmo scriverne ma le parole sono così profonde che non si riescono a pronunciare.
E rimaniamo senza fiato di fronte alla Bellezza.
Alla perfezione che non ci appartiene.
Eppure è già dentro di noi.
Non scegliamo di essere vegani: solo non vediamo di esserlo.
Siamo così abituati a guardare al cibo come ad un'entità inanimata (porzionata, preconfezionata, graziosamente disposta nelle sue vaschette monoporzione per sembrare più innocua e appetibile possibile), che difficilmente siamo portati a chiederci cosa accada dietro lo scaffale.

E come ci sia arrivata realmente lì.
Sollevato il velo di Maya della nostra confortevole ignoranza, rimaniamo inorriditi per l'ingenua insensatezza delle nostre scelte alimentari.
E tutto cambia.
Non saremo più capaci di guardare al cibo nel modo in cui abbiamo fatto fino ad ora.

È (solo) in quel preciso momento che si 'sceglie' di essere vegani. Anche se, in fondo, lo abbiamo sempre saputo.

## TO BE OR NOT TO BE

Questo è il problema.
Si diventa davvero vegani da un giorno all'altro?
Se l'atto della scelta (o la sua consapevolezza) deriva spesso da un evento ben distinto e che possiamo ricordare, la realtà del nostro quotidiano ci riporta alla concretezza: in un mondo in cui la società, l'attualità, l'economia globale e i sistemi di produzione continuano ad avanzare secondo le proprie regole, indifferenti alla nostra rinnovata sensibilità, quello che possiamo fare è riflettere sulle nostre scelte di ogni giorno, senza dare nulla per scontato.
Chiederci se possiamo fare qualcosa di più, anche (e soprattutto) nelle piccole cose.
Guardare al Veganismo non come a un 'Diktat' perentorio ed immutabile, ma una direzione cui tendere, con l'umiltà di chi si considera sempre perfettibile, consapevole dei propri limiti e di quelli che la nostra società impone, ma lieto di quanto può fare ogni giorno, un passo alla volta.
Una 'scelta' che si traduce in una miriade di piccole azioni quotidiane e interrogativi vecchi e nuovi, tra i quali orientarsi non è più così difficile se ci accorgiamo che, in fondo, hanno un'unica risposta:
Antispecismo.
Guardare il mondo senza discriminazione di specie, considerare gli esseri viventi con pari dignità.
Stesso sentire, stessa emotività.
Stessa capacità di soffrire.
E questo non significa pensare di nutrire le stesse emozioni del nostro cane o del nostro gatto (anche se alla luce delle ultime marachelle penso che la Pippi sia decisamente più intelligente di me), ma guardare ad ogni forma di vita con l'umiltà di chi comprende e rispetta i confini.
Proteggere l'identità. Qualsiasi forma abbia.
A ben vedere, non sembra poi così male.
Ha un nome altisonante: il Veganismo.
Eppure è cosa semplice.
Abbraccia ogni aspetto del vivere quotidiano. Ispira le nostre scelte alimentari (e

no, le zucchine non 'soffrono' allo stesso modo di un pollo), ci ricorda di spegnere la luce quando non serve e ci aiuta a minimizzare sprechi di acqua e cibo.
Ci insegna che nella patria dell'Alta moda e del design non è poi così difficile vestire bene senza lana, piuma d'oca o ermellino e che il tuo salotto è accogliente lo stesso senza un divanetto in pelle. Ci fa notare che un cibo è più gustoso se non viene da troppo lontano e che se fai acquisti in un mercato rionale spendi di meno, mangi meglio e, perché no, aiuti anche l'economia locale.
Ci insegna che è bene fermarsi per strada se vediamo qualcuno in difficoltà, che sia uomo, cane o istrice.
Questo, e molto altro, è Vivere Vegan.

## VEGANISMO E ALIMENTAZIONE VEGETALE

Essere Vegan è una scelta etica: ma parlare, forse impropriamente, di 'Alimentazione vegana' si può e si deve. È necessario per il futuro del pianeta in cui viviamo, per la nostra salute e per quella delle generazioni a venire.
Al giorno d'oggi l'intera comunità scientifica è concorde nell'affermare che adottare un'alimentazione in larga parte vegetale, associata a corretti stili di vita, contribuisca a mantenerci in salute, prevenendo l'incidenza di patologie come ictus, infarto, diabete, obesità e cancro. Ancor più se riduciamo drasticamente il consumo non soltanto di carne e uova, ma anche di latte e prodotti caseari.

Uno studio[1] del 2014 condotto sulla popolazione inglese ha dimostrato come il rischio di cancro al seno non sia dissimile tra donne vegetariane e onnivore, mentre sia sensibilmente più basso nelle donne vegane. Lo stesso vale per l'incidenza del cancro alla prostata, il cui rischio non varia tra onnivori e latto-ovo-vegetariani, mentre si riduce del 34% nei vegani. I vegetariani hanno anche una minore probabilità di ammalarsi di cancro allo stomaco, al pancreas, di sviluppare linfomi, leucemie e mieloma multiplo.
Uno studio[2] più recente, condotto dall'Institute for Health Metric and Evaluation (Ihme) dell'Università di Washington (Usa) e pubblicato su Lancet nell'aprile

[1] Key T.J., Appleby P. N., Crowe F.L., Bradbury K.E., Schmidt J.A., Travis R.C., *Cancer in British vegetarians: updated analyses of 4998 incident cancers in a cohort of 32.491 meat eaters, 8.612 fish eaters, 18.298 vegetarians and 2246 vegans*, in "The American Journal of Clinical Nutrition", 2014, 100 Suppl 1, pp 378S - 85 S.
[2] Health effects of dietary risks in 195 countries, 1990–2017: a systematic analysis for the Global Burden of Disease Study, Lancet 2019; 393: 1958–72.

del 2019, dimostra come le cattive abitudini alimentari (scarso consumo di cereali integrali, frutta e verdura e alto apporto di sodio) siano responsabili di 11 milioni di morti nel 2017 in 195 Paesi.

Quando basterebbe così poco per farci del bene!

## I COSTI AMBIENTALI: CHI NE PAGA LE SPESE?

Pappa-soia.

Ne sentirete molti, di soprannomi (alcuni decisamente meno 'graziosi' di questo), ma se ce n'è uno che mi fa sorridere più di tutti è proprio lui: Pappa-soia, senza dubbio.

Vi sorprenderà scoprire che in effetti no, non siamo noi i più spietati divoratori di soia, ma un nutrito esercito di mangiatori ben più voraci di noi: gli animali da allevamento.

Si parla di oltre 65 miliardi di capi di bestiame al mondo: soltanto in Italia ci sono oltre 6 milioni di bovini, più di 8 milioni tra caprini e ovini, oltre 158 milioni di polli, galline e altre specie avicole e quasi 7 milioni di conigli, questo è ciò che risulta dagli ultimi dati ISTAT (dicembre 2019).

Animali che necessitano di spazi, terreni, energie, risorse. E tanto, tanto foraggio.

Si stima che ben il 70% delle terre coltivabili del pianeta siano destinate a colture foraggere: soia, granturco, graminacee, erba medica ed altre piante necessarie per la produzione di mangimi.

Altro che vegani Pappa-soia.

Il costo ambientale dell'industria della carne non si ferma qui: se pensiamo a quanta ancora poca cura il consumatore medio presti alla provenienza e alla salubrità di quanto porta in tavola ogni giorno, immaginiamo quanto possa preoccuparsene per mangimi necessari al sostentamento di animali destinati, prima o poi, a finire nel piatto: decine di milioni di quintali di fertilizzanti, erbicidi, insetticidi e prodotti fitosanitari (ben 24 milioni 750 mila complessivamente nel 2013 solo in Italia, sempre dati ISTAT) vengono utilizzati ogni anno per sostenere le colture foraggere, alcuni di questi classificati come molto tossici o nocivi per la salute.

E dove vanno a finire tutte queste sostanze?

In piccola parte nei prodotti alimentari. Il resto sui terreni, nelle falde acquifere, in fiumi, laghi. E infine in mare.

Stando ai dati ISPRA, sempre del 2013, il 41.2% delle acque superficiali e circa un terzo delle falde acquifere risultano contaminati da pesticidi, nel 9% dei casi oltre i limiti consentiti per l'acqua potabile. Le tonnellate di azoto e fosforo usate in agricoltura, oltre che derivanti dall'ammoniaca liberata dalle deiezioni, si riversano in mare, impoveriscono le acque di ossigeno, causano la morte dei pesci depauperando la fauna ittica e in un habitat così fortemente compromesso favoriscono la proliferazione di alghe tossiche.

Non è tutto.

A differenza dell'agricoltura tradizionale, che attraverso una sana rotazione delle colture salvaguarda lo stato di salute dei terreni, ripristinando di volta in volta di ciò che una coltura sottrae mediante l'impianto di una diversa, produrre in monocoltura intensiva significa impoverire rapidamente il suolo, ridurne man mano la produttività, rendendo necessario sempre un maggior impiego di fertilizzanti, concimi e pesticidi. Un circolo vizioso, dunque, che fa male al terreno, agli animali.

E a noi.

La promiscuità vigente negli allevamenti intensivi, inoltre, rende inevitabile l'utilizzo di dosi sempre più massicce di antibiotici, cui i batteri stanno sviluppando resistenza. Gli allevatori italiani non sono certo i più virtuosi: siamo terzi in Europa per utilizzo di antibiotici per animali da allevamento, molto più di Paesi vicini per dimensioni o più grandi per estensione territoriale (ne impieghiamo il triplo della Francia e ben il quadruplo del Regno Unito)[3].

Il principale problema è che il farmaco non viene utilizzato, come sarebbe ragionevole ipotizzare, per curare selettivamente gli animali malati. Nell'ambito di un allevamento intensivo, infatti, è piuttosto difficile identificare, isolare e curare il singolo animale; molto più semplicemente questi farmaci vengono aggiunti all'acqua e ai mangimi. L'animale malato viene curato, gli altri non si ammalano (*uso metafilattico*). Ancora più spesso, poi, gli antibiotici vengono impiegati in senso *profilattico*: somministriamo il farmaco a tutti e nessuno si ammala. Questo, naturalmente, comporta un irrazionale abuso di antibiotici, che sottopone le colture batteriche ad una vera e propria *selezione (in-)naturale*: muoiono la maggior parte dei batteri, ma alcuni sopravvivono e proliferano, formando colture sempre più resistenti al farmaco di partenza. Si cambia antibiotico, si sceglie uno più efficace. E così via, fino a che le colture batteriche si "istruiscono" nel diventare resistenti a tutti i farmaci utilizzabili.

Il grande pericolo dell'antibiotico-resistenza è che i farmaci utilizzati per uso veterinario sono spesso gli stessi assunti dall'uomo.

La preoccupazione della comunità scien-

[3] Dati WWF per il 2019

tifica è più che fondata: ogni anno, soltanto in Unione Europea, la resistenza agli antibiotici miete ben 33 mila vittime, con una spesa sanitaria di circa 1.5 miliardi.
In pratica: spendiamo di più per i fitofarmaci, spendiamo di più per antibiotici e trattamenti veterinari, spendiamo di più per la nostra spesa sanitaria.
Spendiamo di più.
Per produrre sempre più cibo dai costi di produzione elevatissimi, che va a nutrire (o meglio, mal-nutrire) solo una piccola fetta del pianeta, la più ricca, sottraendo terra, ossigeno e risorse a quello che ci ostiniamo a chiamare 'Terzo Mondo.'
*Last but not least*, il danno ambientale (con serie ripercussioni anche sulla nostra salute) prodotto dall'inquinamento da gas serra. Se l'80% deriva infatti dall'impiego di fonti non rinnovabili per muovere industria e mezzi di trasporto (così come per il riscaldamento delle nostre case), il 20% dei gas serra viene prodotto proprio dall'agricoltura industriale e dall'allevamento intensivo.
Le deiezioni degli animali, infatti, sono responsabili del 65% delle emissioni globali di ossido nitrico e del 37% di metano, un gas serra venti volte più deleterio dell'anidride carbonica[4]. I gas serra si accumulano nell'atmosfera, permettendo, sì, alle radiazioni solari di entrare, ma impedendo alle radiazioni infrarosse emesse dalla Terra di uscire, con l'inevitabile accumulo di energia termica: l'effetto più noto è quello che conosciamo sotto il nome di 'surriscaldamento globale.'
Ma c'è di più.
L'effetto serra non causa solo un generalizzato aumento della temperatura, ma incide profondamente sui movimenti delle molecole presenti nell'atmosfera. L'aumento dell'energia termica, un po' come per una pentola d'acqua lasciata sobbollire sul fuoco, determina un incremento dell'agitazione delle particelle, che si traduce in un incremento della variabilità climatica e in un aumento della probabilità di assistere ad eventi climatici estremi: l'erosione del suolo e la desertificazione di aree prima temperate, gelate immotivate in aree abitualmente calde; altrove frane, slavine, smottamenti e inondazioni dovute allo scioglimento dei ghiacciai.
A completare un quadro già a tinte forti, non dimentichiamo che anche virus e batteri sono sensibili al clima. La comunità scientifica guarda con preoccupazione all'eventualità della diffusione, anche in aree temperate del pianeta, di malattie ti-

[4] Intergovernmental Panel on Climate Change, Special Report on Renewable Energy Sources and Climate Change Mitigation, Cambridge University Press, Cambridge, UK, 2011.

picamente tropicali, come la malaria o la febbre gialla[5]. Malattie che non abbiamo mai visto alle nostre latitudini, o che non vediamo almeno da un po' di anni, alle quali, naturalmente, rischiamo di farci trovare impreparati.

Lo scenario non è dei più rassicuranti, ma ci dice soltanto una cosa: vegani o no, è arrivato il momento di darci una calmata.

## POSSO FARE QUALCOSA?

La risposta è, senza dubbio, sì. E questo perché c'è qualcosa, in noi, che ci rende allo stesso tempo incredibilmente influenti e terribilmente influenzabili: essere consumatori.

Nulla è più potente di un consumatore consapevole.

Ogni giorno, infatti, le nostre scelte ridisegnano la domanda di prodotti, servizi e risorse. Se un alimento non viene più acquistato lo si produce sempre di meno, a favore di un prodotto più richiesto, al prezzo che il mercato impone in relazione alla domanda.

Se mi muovo a piedi o in bicicletta (che male non fa), se prediligo i mezzi pubblici per spostarmi in città, se scelgo di acquistare un'auto ibrida o elettrica, una lampadina o un elettrodomestico a basso consumo, le aziende dovranno adeguarsi alla richiesta e i costi delle tecnologie necessarie andranno a ridursi. Se scelgo di acquistare prodotti sfusi, se preferisco il vetro alla plastica, se utilizzo buste in tela per la mia spesa, se prediligo confezioni in materiale riciclato e compro detergenti a basso impatto sull'ambiente, le aziende si adeguano, i supermercati si adeguano, e sugli scaffali, come per magia, compaiono sempre più prodotti con imballaggi plastic-free o biodegradabili.

Ma non è magia, neanche utopia.

Semplice Marketing.

Qualcosa di meno poetico, forse, ma decisamente più concreto.

Le nostre scelte economiche vanno ben oltre quello che possiamo immaginare, impattano sui meccanismi produttivi, sulla finanza, sulla politica. Sono il motore che muove il presente e disegna il futuro.

Spesso, con un gesto semplicissimo.

Come cambiare una lampadina.

## E ORA COSA MANGIO?

Passare ad un'alimentazione completamente vegetale può non sembrare così semplice, all'inizio.

Siamo così abituati alla praticità della 'monoporzione' o del cordon bleu in va-

[5] Hansen J, Sato M, Ruedy R, et al., *Global warming in the twenty-first century: an alternative scenario*, in Proceedings of the National Academy of Sciences USA, 2000, 97, pp. 9875-80.

schetta che a volte dimentichiamo di domandarci cosa ci sia realmente nel piatto: sempre troppo spesso, passiamo dalla colazione alla cena accoccolandoci nella più confortevole delle routine. La tentazione di dipendere da piatti pronti e prodotti confezionati è irresistibile, ma decisamente poco salutare a lungo termine.

E decisamente troppo onerosa.

Preparare i nostri pasti da zero non richiede molto tempo, solo un po' di organizzazione e un piccolo sforzo di immaginazione e creatività.

Ed è proprio qui che inizia il bello!

Creare ricette sane e genuine per noi e per tutta la famiglia, riflettendo con un pizzico di buonsenso sui nutrienti necessari al nostro benessere; sorprendersi della varietà di colori, sapori, profumi presenti in natura, immaginare soluzioni diverse ogni giorno. Non è soltanto semplice, ma anche (e soprattutto) incredibilmente divertente.

# La buona dispensa

Una buona cucina parte sempre da una dispensa ben fornita.
Più che una buona abitudine, è un autentico salvavita!
Siamo così presi dal lavoro e dalle faccende quotidiane che sarebbe impensabile occuparci della spesa per la nostra tavola giornalmente: bellissimo, certo, ma decisamente poco realizzabile.
Più utile dotarsi di spirito di adattamento e di una buona dose di pragmatismo.
La prima soluzione è organizzare bene la dispensa.
Pensate a qualche vasetto di erbe aromatiche sul balcone, ad esempio, o a quell' appetitoso 'paracadute' di conserve, spezie e farine che rendono speciale ogni piatto e salvano la cena anche quando è tardi, il mercato chiuso ormai da ore e il frigo drammaticamente vuoto.

Poche scelte ben oculate e qualche *must have* possono permetterci di fare economia e avere sempre a portata di mano quello che ci serve per cucinare ogni giorno ricette nuove, gustose e naturali, senza dover correre ai ripari con un delivery dell'ultimo minuto.

## CEREALI & CO.: SI FA PRESTO A DIRE PASTA!

I cereali sono la base della nostra alimentazione. Sono fonte di zuccheri a lento rilascio (quando non raffinati), vitamine del gruppo B, fibre e sali minerali. Forniscono inoltre l'energia essenziale per le nostre attività quotidiane, regolarizzano l'intestino e apportano micronutrienti utili per il metabolismo delle nostre cellule.

Onnipresenti nella nostra dieta in qualsiasi momento della giornata (dai frollini del mattino ai crackers dello spuntino in ufficio, fino alla pasta e al pane dei due pasti principali), meritano per tale ragione ancora più cura nella scelta di prodotti di qualità e di sicura tracciabilità.

### UNA, CENTO, MILLE VARIETÀ

Farro, orzo, segale, avena, khorasan, per non parlare delle decine di varietà di grani antichi tornati in auge negli ultimi anni.

Non solo: miglio, sorgo, amaranto, quinoa, grano saraceno e centinaia di varietà di riso, diverse per proprietà nutrizionali e destinazione culinaria, che apportano tutto il buono di un "gluten free" autentico per natura.

Facilmente reperibili in forma di farine, pasta e prodotti da forno, arricchiscono la nostra dieta di nuovi profumi e sapori dimenticati, riavvicinandoci alla genuinità della tavola dei nostri nonni.

### IL BOOM DELL'INTEGRALE

La rinnovata attenzione dell'industria alimentare verso prodotti più salutari, figlia di un consumatore finalmente informato e attento alle proprie esigenze nutrizionali, ha arricchito gli scaffali di una grandissima varietà di prodotti, più o meno 'salutistici', che possono, sì, offrire un indiscutibile vantaggio per la nostra alimentazione quotidiana, ma anche disorientare.

Dopo aver riempito la nostra dispensa di cibi raffinati e junk food, trasformando la culla della dieta mediterranea nel baluardo delle moderne 'malattie del Benessere' (un ossimoro non privo di un certo sarcasmo, che ha riempito le corsie dei nostri ospedali), a partire dagli anni Novanta nell'industria alimentare si è assistito ad un vero e proprio boom dell' "integrale": frollini ai cereali, fiocchi di avena, yogurt alla crusca, pasta integrale di un bel color caramello, i quali hanno fatto sì che non solo il consumatore comprasse integrale più per moda che per effettiva necessità, ma maturasse l'idea che quanto più scuro è un prodotto (una fetta di pane, un formato di pasta) tanto più è salutare.

## INTEGRALE "VERA" E FARINE RICOSTITUITE

Il Decreto n.187 del 9 febbraio 2001[6] definisce come 'integrale' una farina di frumento con un residuo di ceneri compreso tra 1.30% e 1.70% e un contenuto in proteine del 12%.

Cosa significa, in parole povere?

Che può definirsi integrale anche una farina 'ricostituita' (raffinata e addizionata successivamente di crusca) e 'fortificata' mediante l'integrazione di vitamine e sali minerali, purché rientri nei parametri indicati per legge; va da sé, naturalmente, che le proprietà nutrizionali del prodotto finito saranno ben diverse, come differenti saranno gli effetti sulla nostra salute.

La domanda, a questo punto, sorge spontanea: come mai conviene di più addizionare di crusca e vitamine una farina raffinata rispetto al macinare più semplicemente il cereale in purezza?

La risposta è all'interno del chicco: gli acidi grassi essenziali (poli-insaturi) del germe di grano, parzialmente 'protetti' dall'effetto antiossidante della vitamina E, tendono nel tempo ad andare incontro a perossidazione, determinando l'irrancidimento della farina e diminuendo notevolmente la shelf-life del prodotto a scaffale.

Non solo: le farine raffinate sono più ela-

---

[6] Decreto n.187 del 9 febbraio 2001 "Regolamento per la revisione della normativa sulla produzione e commercializzazione di sfarinati e paste alimentari", a norma dell'articolo 50 della legge 22 febbraio 1994, n. 146

stiche, si prestano meglio alla panificazione e alla pastificazione, garantendo un prodotto finito dall'aspetto migliore, di maggiore tenuta in cottura e più appetibile.

Se vogliamo merendine e biscotti a lunga scadenza, dunque, dobbiamo impoverire la farina dei suoi nutrienti, salvo poi reintrodurli in maniera controllata attraverso ulteriori processi di lavorazione.

Cosa cambia per la nostra salute? Assolutamente nulla rispetto ad una comune farina 00: alto indice glicemico e scarso valore nutrizionale.

Il regolamento UE del 2011[7] ha integrato le vigenti disposizioni in materia di etichettatura degli alimenti, imponendo la dichiarazione della presenza di crusca o cruschello in aggiunta alla farina di frumento. Ad oggi, dunque, è ancora più importante imparare a leggere con attenzione le etichette, per scegliere in maniera consapevole ciò che vogliamo mettere nel carrello e portare sulle nostre tavole.

[7] Decreto n.187 del 9 febbraio 2001 "Regolamento per la revisione della normativa sulla produzione e commercializzazione di sfarinati e paste alimentari", a norma dell'articolo 50 della legge 22 febbraio 1994, n. 146

## FARINA INTEGRALE: IMPARIAMO A RICONOSCERLA.

**Cosa dice l'etichetta**

L'aggiunta di crusca alla farina di frumento, dunque, deve essere dichiarata per legge: se in etichetta è presente la dicitura 'farina di frumento integrale (farina di frumento, crusca di frumento)' siete certi di essere in presenza di farina ricostituita.

**Aspetto e colore**

Nelle farine ricostituite è evidente la presenza di frammenti di crusca, che conferiscono al prodotto una caratteristica puntinatura più scura; la crusca può essere facilmente separata con un comune setaccio.

Le farine integrali molite a pietra, invece, ottenute dalla macinazione del chicco intero, assumono un aspetto completamente diverso: il prodotto presenta aspetto omogeneo e colore chiaro, tendente al beige, all'ambra o al grigio a seconda della varietà di frumento. La presenza di frammenti più grossolani, dello stesso colore della farina ma disomogenei in dimensioni e struttura, è comune nei prodotti artigianali (per macinazione incompleta del chicco) e non va confusa con l'addizione di crusca.

**Shelf life del prodotto**

Le farine integrali 'vere', complete del germe di grano, hanno una data di scadenza molto ravvicinata, dovuta al precoce irrancidimento della frazione lipidica. Vanno conservate in vasetti a chiusura ermetica al riparo da luce e calore diretti e utilizzate in tempi brevi.

Farine o prodotti da forno con data di scadenza troppo lontana nel tempo, al contrario, possono essere indice di una materia prima depauperata in larga parte dei suoi micronutrienti.

**Dove la compro?**

La grande distribuzione impone, per sua necessità, shelf-life piuttosto lunghe per i prodotti secchi a scaffale. Il modo migliore per acquistare farine artigianali di qualità è rivolgersi a molini locali, ai GAS e a rivenditori specializzati, informandosi sulla tracciabilità del prodotto.

Non è poi impresa impossibile: spesso la bottega di prodotti tipici all'angolo della strada può offrire autentiche meraviglie, agli occhi di chi sa leggere oltre l'etichetta.

## 00, 0, 1, 2, INTEGRALE: COSA SIGNIFICA?

Dopo la mietitura e la trebbiatura, le cariossidi vengono separate dalle spighe e dalle impurità, stoccate in silos (in condizioni di temperatura e umidità controllata) e, dopo accurato lavaggio, avviate a macinazione.

Dal grano duro (*Triticum durum*) si otterranno semole dalla diversa granulometria, mentre è dal grano tenero (*Triticum aestivum*) che si ottiene la farina di frumento propriamente detta.

Dopo la macinazione, lo sfarinato viene sottoposto a raffinazione nel **buratto**, un macchinario provvisto di setacci a maglie sempre più fini, che separa progressivamente le particelle più grossolane (crusca e cruschello). Il **tasso di abburattamento** esprime la quantità di prodotto ottenuta da 100 kg di grano (in altri termini, la resa) ed è un importante indicatore del grado di raffinazione della farina:

- *Farina integrale:* 100% (nessun abburattamento)
- *Farina di tipo 2:* 85% di abburattamento
- *Farina di tipo 1:* 80% di abburattamento
- *Farina di tipo 0:* 72% di abburattamento
- *Farina di tipo 00:* 50% di abburattamento

Nel graduale processo di raffinazione, la farina viene a perdere gran parte delle fibre contenute nel tegumento e delle vitamine e dei sali minerali del germe, concentrando la componente amidacea del chicco: ne risulta una farina più povera dal punto di vista nutrizionale e dal più alto indice glicemico, ma più elastica e tenace. E soprattutto durevole nel tempo, qualità che la rendono più appetibile per l'industria di trasformazione.

Prediligere, per quanto possibile, il consumo di farine grezze, macinate a pietra e di qualità certificata, offre la possibilità di beneficiare di tutte le proprietà del chicco in origine, fondando giuste premesse per un'alimentazione più salubre.

## BENESSERE IN CHICCHI

Zuppe di farro e legumi assortiti, budini di riso, tris di cereali e orzotti pronti da cuocere: quanta varietà tra gli scaffali!

Dopo decenni in cui la pasta ha dominato le tavole degli italiani, fino ad assurgere a simbolo stesso della dieta mediterranea nel mondo, da qualche tempo si assiste, non senza un certo sollievo, ad un ritorno al consumo dei grani in purezza.

Arricchiscono le zuppe di verdure, completano le nostre insalate, conferiscono sostanza alla schiscetta della pausa pran-

zo e perché no, si trasformano in gustose crocchette per l'ora dell'aperitivo.
Come essere sicuri di scegliere il prodotto più adatto per la nostra ricetta e, soprattutto, adeguato alle nostre esigenze nutrizionali?
Il primo criterio fondamentale per orientarsi nell'acquisto è il **grado di raffinazione** del chicco (integrale, decorticato, perlato), che influisce non solo sull'apporto di macro- e micro-nutrienti presenti nel prodotto che andiamo a consumare, ma anche su modalità e tempi di cottura e sulla resa finale in ricetta: se un buon Carnaroli, classico o semi-integrale, sarà l'ideale per conferire al risotto la giusta cremosità, riso parboiled, farro decorticato e riso integrale saranno l'ideale per insalate fredde sempre croccanti.
Con un pizzico di intuito (e di buon senso) saremo noi ad orientare la scelta in base alla ricetta che andiamo a realizzare e alle nostre precise esigenze nutrizionali.

## INTEGRALE, DECORTICATO, PERLATO: QUALI DIFFERENZE?

Il chicco di grano (cariosside) presenta una struttura stratificata nella quale si distinguono, dall'esterno verso l'interno:

- **TEGUMENTI o CRUSCA**: è la porzione del chicco più ricca in fibre insolubili (cellulosa, lignina), utili per regolarizzare il transito intestinale. La crusca rappresenta circa il 13% del peso secco del chicco e contiene anche buone quantità di vitamina E, vitamine del gruppo B, sali minerali.
- **ENDOSPERMA (mandorla amilifera):** la porzione più significativa del chicco (83-84%), ricca in amidi e, in minore quantità, di proteine (glutenine, prolammine).
- **GERME DI GRANO**: la parte più nobile del chicco, contenente tutto il necessario a generare la nuova pianta. Ricco di proteine (38%), vitamina E, vitamine del gruppo B e sali minerali, è un'ottima fonte di acidi grassi essenziali.

I **cereali integrali**, non sottoposti a raffinazione, sono completi di crusca e germe di grano e conservano intatto il loro elevato valore biologico: l'amido contenuto nell'endosperma viene 'mitigato' dall'elevato contenuto di fibre e dagli acidi grassi; ne risulta un alimento completo a livello nutrizionale e di indice glicemico inferiore rispetto all'equivalente raffinato. Per i **decorticati**, la situazione cambia da cereale a cereale: mentre farro e spelta conservano germe di grano e una buona quota di crusca, nel caso dell'orzo decorticato assistiamo ad una dispersione maggiore di fibre e alla perdita sostanziale del germe.

Sia nel caso dei decorticati che ancor più per l'integrale, sono necessari tempi di ammollo piuttosto lunghi, variabili di cereale in cereale, generalmente sempre indicati sul retro della confezione. Dai 3-5 giorni del grano alle 2 ore del riso Venere, è sempre bene mettere in conto le tempistiche di preparazione quando ci mettiamo ai fornelli e piuttosto scegliere di cucinarne appena in più per utilizzi successivi.

L'ammollo non è soltanto funzionale alla cottura: fa molto, molto di più.

L'acqua, infatti (a temperatura ambiente, mai calda, onde evitare fermentazione o proliferazione batterica), penetra lentamente all'interno del chicco, reidratandolo e predisponendolo alla germogliazione, aumentando notevolmente la biodisponibilità (e dunque l'assorbimento) di macro- e micro-nutrienti essenziali al nostro benessere. Il chicco è una piantina 'in potenza': quando entra in contatto con l'acqua tutti gli enzimi si attivano, predisponendo il seme alla vita che verrà.

La **perlatura** priva il chicco del germe e della quasi totalità delle fibre: i tempi di cottura si riducono, ma perdiamo tutto il buono (nutrizionale ed organolettico) del consumo del cereale in purezza.

Non sempre, tuttavia, la raffinazione è un male.

Se il consumo di cereali integrali è da preferire nell'età adulta ai fini della prevenzione di diabete, obesità e patologie cardiovascolari, nello svezzamento e nella nutrizione per la prima infanzia l'eccesso di fibre (oltre ad essere mal tollerato a livello intestinale) può rappresentare un ostacolo all'assorbimento di zuccheri e lipidi fondamentali per la crescita e di alcune vitamine e sali minerali (vitamina C, selenio, calcio, zinco, ferro) essenziali allo sviluppo.

Per l'adulto, l'apporto di fibre raccomandato è di 30 g/die, salvo condizioni di particolare sensibilità dell'apparato digerente o di patologie specifiche a carico dell'intestino: difficile immaginare, tuttavia, un consumatore moderno talmente ben avveduto da assumere 'troppe' fibre!

# THE IMPORTANCE OF BEING A BEAN

Nutrienti, gustosi, sempre diversi; se penso all' alimento che mi ha stupito di più, in questi anni, sono proprio loro: i legumi.

Per una ragazzina cresciuta a *risi e bisi*, *'ncapriata e ciciri e tria* (una famiglia 'cosmopolita' come la mia ha sempre creato un curioso melting pot di nord e sud, nel ricettario di casa), può sembrare incredibile scoprire come esistano lenticchie rosse, gialle e verdi, grandi quasi come un centesimo o piccole e nere come caviale, fagioli neri, rossi e variegati come il marmo, o varietà antiche come la roveja e il cece rosso che quasi non si coltivano più.

Scoprire che il cece bianco non è solo un cece, ma a volte un Principe, un Sultano o un Pashà, oppure che esistono fagioli che non vengono dalle Americhe ma sono nati proprio qui, nel Vecchio Mondo, come il fagiolo dall'occhio; che ci sono legumi ornamentali delicatissimi o, di contro, varietà capaci di superare ogni avversità e crescere anche nei terreni più aridi.

Che ci sono Castelluccio e la Murgia carsica, Lamon e Carpino, Serra de' Conti, Rotonda e l'entroterra ligure: tutte le storie dei piccoli produttori coraggiosi del nostro Paese, le loro vite, fatte di rigidi disciplinari e scarsi guadagni.

La realtà è che con i legumi non si finisce mai di imparare.

Un alimento povero, capace di generare ricchezza anche dove non può crescere nulla: non a caso l'Organizzazione Mondiale delle Nazioni Unite (ONU) ha scelto di proclamare il 2016 *Anno internazionale dei legumi,* designando la FAO come organo di elezione per sensibilizzare l'opinione pubblica, in stretta collaborazione con i Governi nazionali e le Organizzazioni non governative, ai benefici nutrizionali, economici e ambientali di un alimento così semplice, ma essenziale al benessere nostro e del Pianeta.

Principale fonte di proteine nella dieta vegetariana e vegana, in misura variabile dai 5-8 g di piselli, edamame e fave fresche ai 36 g dei lupini secchi (con tutto il vantaggio di essere totalmente privi di colesterolo e trigliceridi delle proteine animali), grazie al contenuto di fibre e carboidrati complessi e al buon tenore calorico (ma con pochi grassi), i legumi forniscono energia a lento rilascio, mantenendoci sazi più a lungo.

E non ci fanno ingrassare: 100 g di legume cotto (una porzione più che sufficiente) apportano non più di 95-115 kcal, per non parlare dei legumi freschi che, per definizione, contengono più acqua, perdono in densità di proteine ma sono marcatamente ipocalorici.

La questione, tuttavia, si spinge un po' più oltre: una revisione di 21 studi clinici pubblicata nel 2016 su *The American journal of Clinical Nutrition* ha dimostrato come chi mangia una tazza di legumi al giorno perde più peso, a parità di introito calorico giornaliero, rispetto a chi segue un regime vegetariano o onnivoro.

E mangia di meno: in alcuni degli studi in esame la popolazione di controllo riduce in media del 12% le calorie del pasto successivo. Merito delle fibre, che inoltre, contribuendo a mantenere sotto controllo glicemia e colesterolo, riducono il rischio cardiovascolare del 30%: uno studio[8] del St Michael's Hospital di Toronto, condotto su pazienti con diabete di tipo 2 cui era stato chiesto di integrare la propria dieta con legumi e soia, ha verificato una marcata riduzione dell'emoglobina glicata (HbA1c), parametro di elezione per la valutazione del successo delle terapie adottate e del rischio di complicanze a lungo termine.

Senza trascurare, infine, l'apporto di micronutrienti essenziali al nostro benessere: vitamine del gruppo B (regolano le funzioni metaboliche, stimolano il sistema immunitario e sono fondamentali per la salute del sistema nervoso) e sali minerali, soprattutto calcio, ferro e zinco.

Trovate ancora motivi per non mangiarli?

## COME LI MANGIO?

O meglio, come *non* li mangio!

Farine o legumi secchi, chips e polente espresse, sformati, veggie burger, tartufi salati e polpettine sfiziose, o in

[8] Effect of Legumes as Part of a Low Glycemic Index Diet on Glycemic Control and Cardiovascular Risk Factors in Type 2 Diabetes Mellitus A Randomized Controlled Trial David J. A. Jenkins, MD, PhD; Cyril W. C. Kendall, PhD; Livia S. A. Augustin, PhD; et al.

forma di bevande vegetali pronte al consumo. Oppure freschissimi, in baccello: saranno il vostro compagno più fedele in cucina e per quanto impariate a conoscerli, sapranno sempre come stupirvi!
L'unico problema nel cucinarli è che non si conoscono mai abbastanza. Gran parte delle problematiche di gonfiore e cattiva digestione, infatti, dipendono quasi essenzialmente da errori nella fase di ammollo e cottura. E dalla mancata abitudine al consumo: i principali indiziati di gonfiore e meteorismo sono deglioligosaccaridi (stachiosio, verbascosio, raffinosio) che (noi) non riusciamo a digerire, non possedendo gli enzimi necessari, ma di cui vanno molto ghiotti i batteri della nostra flora intestinale, che accorrono a digerirli per noi.
Se, tuttavia, per via di un'alimentazione disordinata mi ritrovo a soffrire di disbiosi intestinale (alterazione della flora batterica 'buona' a favore della 'cattiva') o, molto più semplicemente, mangio lenticchie solo a Capodanno, una buona quota di oligosaccaridi non riuscirà ad essere smaltita e fermentando sarà causa di aerofagia, meteorismo e senso di pesantezza.
La soluzione? Poco e spesso.

## AMMOLLO

Tutti i legumi, fatta eccezione per alcuni decorticati, necessitano di specifiche tempistiche di **ammollo**, da condurre in acqua a temperatura ambiente (oppure in frigo, nel reparto meno freddo, in estate), preferibilmente aggiungendo qualche foglia di alloro o, nel caso delle varietà più indigeste o durante la stagione estiva, di poco bicarbonato. Fate attenzione a non esagerare: se i legumi tendono ad intenerire in ambiente basico, risultando più digeribili, e l'aggiunta di bicarbonato può essere utile nel prevenire proliferazioni batteriche, l'eccessivo viraggio alla basicità dell'acqua può depauperare i legumi di sali minerali preziosi. La punta di un cucchiaino sarà più che sufficiente per mezzo kg di prodotto secco.

L'ammollo per i legumi svolge la medesima funzione che per i cereali: reidrata gradualmente i semi, sia avviandone la germogliazione (che ne aumenta il valore biologico), sia 'preparando' gli amidi alla gelatinizzazione in cottura, rendendoli meglio attaccabili dagli enzimi digestivi.
Non solo: l'ammollo contribuisce ad allontanare l'**acido fitico**, molecola anti-nutriente (presente anche in cereali integrali, semi e crusca) che legandosi ai sali minerali forma dei precipitati insolubili (fitati e fitina), inibendo così l'assorbimento di calcio, ferro, magnesio e zinco.
Un lungo ammollo, dunque, da rinnovare

ogni 8-12 ore, contribuisce a rendere i legumi non soltanto più digeribili, ma decisamente più nutrienti.

## ACQUA FREDDA E NIENTE SALE!

Una volta condotto l'ammollo in maniera corretta e per il giusto tempo[9], il legume sarà oltre raddoppiato di volume; a questo punto, è opportuno procedere ad accurato lavaggio per allontanare residui di polvere e impurità, prima di trasferirli in casseruola per la cottura, coperti per almeno 3 cm da acqua fredda non salata. Il **sale**, infatti, interferisce con la gelatinizzazione degli amidi presenti all'interno delle leguminose, allungando sensibilmente i tempi di cottura. Attenzione anche agli alimenti troppo acidi: mai provato a far cuocere i fagioli all'uccelletto direttamente nel sugo al pomodoro? Probabilmente sarete ancora ai fornelli: qualsiasi alimento acido, infatti, rallenta notevolmente la cottura, impedendo il corretto ammorbidimento del legume. Meglio aggiungere al nostro pomodoro i cannellini già cotti, ben scolati dal liquido di governo: saranno più morbidi e prelibati, oltre ad avere un minor residuo di fitati. E non avremo stracotto, nel frattempo, la nostra polpa di pomodoro.

L '**acidità**, invece, è un elemento da non sottovalutare in fase di chiusura delle nostre preparazioni; pensate all'hummus di ceci[10]: l'acido ascorbico (vit. C) contenuto nel succo di limone aiuta l'assorbimento del ferro non -eme (non legato al gruppo -eme delle proteine di origine animale), o ferro inorganico, contenuto in moltissimi alimenti di vegetali; dalla stessa coppetta di hummus assimiliamo più ferro, quindi, se ci aggiungiamo una bella irrorata di succo di limone. Ed è anche più buono.

Scegliete sempre **pentole a fondo spesso** in ghisa, coccio e rame stagnato: anche se richiedono maggiori cure rispetto al pentolame in acciaio, conducono il calore in maniera più graduale e uniforme, garantendo una cottura ottimale. Se ne siete sprovvisti, potete optare comunque per l'acciaio inox, anche se con qualche (ragionevole) riserva: la trasmissione del calore, anche nelle casseruole a fondo spesso, è molto più rapida in confronto agli altri materiali e dopo tanto adoperarsi rischiereste di bruciare tutto se non lavorate a fiamma molto bassa. Evitate, inoltre, di regolare di sale e lasciare la zuppa ad intiepidire ancora in pentola, in questo caso:

---

[9] consultare la tabella dei Tempi di ammollo e cottura pag. 49
[10] ricetta a pag. 169

l'aggiunta di sale, infatti, può determinare il rilascio di tracce di cromo e nichel negli alimenti (è proprio il cromo, infatti, a rendere l'acciaio per definizione 'inossidabile'). La 'posa' della zuppa, tuttavia, è proprio quello che conferisce alla ricetta quel valore aggiunto di cui è impossibile fare a meno: ricordiamocene la prossima volta che adocchieremo una bella pentola di ghisa in saldo, durerà in eterno e potremo utilizzarla anche per cuocere il pane.

## LA COTTURA: UN AIUTO DALLA NATURA

Gran parte dei disastri li compiamo, dunque, in cottura: tempi troppo stretti, fiamma troppo vivace, pentolame errato. E tutta la cura che abbiamo riposto fino ad allora nella scelta del prodotto migliore, nell'ammollo e nell'allestimento della nostra bella zuppa finisce, è il caso di dire, in fumo.

Non dobbiamo sottovalutare poi, ai fini di gusto e digeribilità, l'aiuto fondamentale delle spezie e delle erbe aromatiche: i nostri nonni ne sapevano decisamente più di noi, ma molte di quelle che credevamo essere semplici 'buone abitudini' (o al peggio mere credenze popolari), sono state negli ultimi decenni confermate dalla Scienza; ecco, dunque, alcune di quelle erbe e spezie che possono aiutarci in cottura:

**ALLORO**

Dalle proprietà digestive e blandamente sedative, migliora la digestione e allevia tensione addominale e gonfiore; ricordate il pancotto olio e alloro della mamma? È una pianta sempreverde, potete curarla in vaso sul balcone anche se non avete pollice verde (come me), così da disporre di foglie fresche tutto l'anno. Dell'alloro si utilizzano anche le bacche: ricche di acidi grassi essenziali, in erboristeria se ne ricavano oleoliti e decotti dalle proprietà antisettiche, mio-rilassanti e digestive.

**ANETO e SEMI DI FINOCCHIO**

Promuovono la motilità intestinale favorendo la digestione, mentre le proprietà antispastiche contribuiscono a ridurre tensione addominale e gonfiore.

**CORIANDOLO**

Del coriandolo, spezia conosciuta da millenni in Oriente e nel Bacino del Mediterraneo, utilizziamo sia le foglie fresche che i semi; dalle proprietà antisettiche, antispastiche e carminative, il coriandolo migliora la digestione, stimola l'appetito e controlla aerofagia e meteorismo. Se non è così semplice reperire steli freschi, immancabili nel guacamole e perfetti a crudo per insalate e primi piatti, ad oggi i semi di coriandolo (interi o in polvere) albergano di diritto sugli scaffali di erboristerie, negozi biologici e persino della grande distribuzione. Fresco e profumatissimo, con quel non so che di noce moscata e limone, non riuscirete a farne più a meno!

## CUMINO

Assunti con moderazione, i semi di cumino hanno importanti proprietà antifungine e carminative; facilitano la digestione, alleviano il dolore addominale e contribuiscono a ridurre il gonfiore.

## ZENZERO

Aggiungere qualche fettina di zenzero fresco all'acqua di cottura dei legumi è sempre un'ottima abitudine. Oltre ad arricchire di gusto la vostra zuppa, lo zenzero possiede spiccate proprietà procinetiche, eupeptiche e stomachiche: facilita la digestione, stimolando le secrezioni gastriche e facilitando la peristalsi del tubo digerente, comportandosi come un autentico anti-vomito, ma senza agire a livello centrale.

## SALVIA

Nella zuppa di ceci della nonna non è mai mancata, e, a ben vedere, aveva ragione. Grazie alle sue proprietà coleretiche, la salvia stimola le secrezioni pancreatiche e biliari, migliorando la digestione, minimizzando il gonfiore e promuovendo la peristalsi intestinale. Non solo: uno studio[11] portoghese del 2006, pubblicato su *The British Journal of Nutrition*, ha indagato in vivo gli effetti metformino-simili dell'olio di salvia, dimostrando l'efficacia preventiva nei confronti del diabete di tipo 2.

## ROSMARINO

Se non avete ancora una piantina di rosmarino alla finestra, dovreste rimediare subito. Semplicissima da coltivare, necessita di poche cure e produce dei fiorellini lilla (commestibili) perfetti per dare un tocco gourmet ai piatti di ogni giorno. Stimola la secrezioni biliari e peristalsi intestinale, alleviando il senso di pesantezza comune dopo il consumo di legumi. L'olio essenziale è da sempre utilizzato in fitoterapia come tonico e stimolante in caso di astenia e stress mentale e fisico, mentre le sue proprietà balsamiche possono contribuire ad alleviare ansia, emicrania e cefalea muscolo-tensiva. Un bellissimo studio[12] ca-

---

[11] Lima CF, Azevedo MF, Araujo R, Fernandes-Ferreira M, Pereira-Wilson C. Metformin-like effect of Salvia officinalis (common sage): is it useful in diabetes prevention? Br J Nutr, Agosto 2006; 96(2):326-33.

[12] Naimi M, Vlavcheski F, Shamshoum H, Tsiani E., Department of Health Sciences, Brock University, St. Catharines, Canada.Rosemary Extract as a Potential Anti-Hyperglycemic Agent: Current Evidence and Future Perspectives. Nutrients. 1 settembre 2017; 9(9). pii: E968. doi: 10.3390/nu9090968.

nadese del 2006 ha indagato approfonditamente, sia in vivo che in vitro su diverse popolazioni cellulari (adipociti, epatociti, cellule pancreatiche e muscolari) gli effetti dei polifenoli naturalmente presenti nel rosmarino, somministrato in estratto secco: aumento dell'uptake di glucosio da parte dei tessuti, inibizione di glicogenesi e gluconeogenesi nell'epatocita, riduzione della sintesi di acidi grassi e inibizione della divisione cellulare degli adipociti. In parole povere: più glucosio nelle cellule significa meno glucosio libero nel torrente circolatorio, maggiore controllo dell'iperinsulinemia e minor accumulo di grasso; ergo, migliorano il profilo glicemico e lipidico dei pazienti. Un buon motivo per ricordarsi della nostra piantina non solo quando prepariamo i legumi, ma anche (e soprattutto) per purè e patate al forno.

A questo proposito: non deve stupire l'interesse della comunità scientifica intorno alle scienze erboristiche e alla fitoterapia, soprattutto nel caso di patologie così ubiquitariamente diffuse, come il diabete di tipo 2. Trovare alternative (o perlomeno validi coadiuvanti) ai protocolli di trattamento tradizionali permette di diminuire sensibilmente gli effetti collaterali nelle terapie a lungo termine, migliorando la qualità di vita del paziente.

## ALGA KOMBU

Ricca di acido glutammico, contribuisce ad ammorbidire il tegumento esterno dei legumi velocizzando notevolmente i tempi di cottura e migliorandone marcatamente la digeribilità; esaltatore di sapidità, ci aiuta ad utilizzare meno sale nelle preparazioni. Grazie all'apporto di acido alginico, un anti-acido naturale, l'alga Kombu protegge la mucosa dall'insulto dei succhi gastrici, alleviando gastrite e bruciore. Ricca in sali minerali (calcio, potassio, magnesio, fosforo), vitamina C e vitamine del gruppo B, rafforza il nostro sistema immunitario e stimola il metabolismo basale; a causa dell'elevato contenuto di iodio, tuttavia, superiore alle altre varietà di alghe commestibili, va consumata con moderazione, soprattutto in caso di patologie a carico della tiroide. Una fettuccia di 4 cm è più che sufficiente a rendere le nostre zuppe più gustose, nutrienti e digeribili.

Oltre a migliorare la digestione, spezie ed erbe aromatiche arricchiscono di sapore e freschezza le vostre ricette, 'arrotondando' il sapore un po' legnoso dei legumi e aprendo la strada a soluzioni di gusto assolutamente inaspettate.

## MAI AVERE FRETTA

Dovrebbe essere un mantra universale, nella cucina di casa come nel pieno di un servizio: lavorare rapidamente e lavorare di fretta sono due cose ben diverse. Imparare a gestire le diverse preparazioni con i giusti tempi e la giusta attenzione permette di lavorare bene e in ordine, senza spreco di tempo e senza ansia. Non prepareremo mai nulla di buono, se siamo ansiosi.

Anche i legumi risentono della fretta: cuciniamone un po' di più, magari, in modo da averne sempre in dispensa per le nostre ricette (potete conservarli al naturale, in barattoli pastorizzati, in frigo o in congelatore in recipienti a chiusura ermetica o sottovuoto), ma abituiamoci all'idea di dedicarvi un minimo di cure; una volta coperti con acqua fredda, i legumi andranno portati a bollore e lasciati sobbollire il necessario, a fiamma bassa, dando il tempo al calore e all'acqua di penetrare dolcemente e di cuocerli adeguatamente, con il coperchio appena schiuso e senza mescolare troppo vigorosamente.
Ricordate tutte quelle fastidiose pellicine a pelo d'acqua nella pentola dei ceci? Probabilmente i malcapitati avranno goduto di un ammollo malauguratamente breve, per poi essere sballottolati da un bollore troppo vivace e cucchiaiate decisamente veementi.

## TOFU, SHOYU, MISO E TEMPEH

Quanti nomi strani nella cucina vegetariana!
L'origine è sempre e soltanto una: Soia.
Un legume che non appartiene per natura alle nostre latitudini, ma negli ultimi anni si è ricavato di diritto un posto di rilievo nelle nostre abitudini alimentari (e nell'asporto del venerdì sera).
Complici di certo il successo di ristoranti fusion e sushi bar e un nuovo interesse per le filosofie e le discipline orientali, oltre che l'apertura, a partire dagli anni Settanta in Italia, dei primi negozi biologici e di alimentazione macrobiotica.
Non si tratta dei legumi più digeribili. Forse (per molti di noi) neanche dei più gustosi. Ma la grossa, non trascurabile differenza tra il tofu che compriamo al supermercato rispetto a quello consumato abitualmente in Oriente è che nelle regioni di origine quasi non esiste soia che non venga fermentata. La **fermentazione** (che si tratti di miso, shoyu, natto o tempeh) fa sì che il duro del lavoro di digestione non spetti a noi, ma venga compiuto da specie di microrganismi accuratamente selezio-

nate per dar vita ad un alimento che, per qualità nutrizionali e organolettiche, sia migliore di quello di origine.

Persino il tofu, per definizione un alimento cagliato, non fermentato, viene spesso sottoposto a successiva fermentazione per risultare più digeribile e prelibato. Il risultato è qualcosa di decisamente più appetibile del panetto un po' granuloso e insipido cui siamo abituati qui in Occidente.

Non è tutto: la fermentazione (non solo nel caso della soia) arricchisce gli alimenti di batteri 'buoni' che aiutano la nostra flora a ritrovare il suo equilibrio.

E noi con lei.

Negli ultimi anni, infatti, la Scienza medica ha iniziato ad avere un'immagine un po' più chiara riguardo al ruolo del **microbiota intestinale**: i batteri sintetizzano sostanze utili come la vitamina K (coinvolta nei meccanismi di coagulazione del sangue ed essenziale per fissare il calcio nelle ossa, prevenendo l'osteoporosi) e l'acido butirrico, dall'effetto protettivo nei confronti del cancro al colon; stimolano il sistema immunitario e aiutano a digerire i flavonoidi, riducendo il rischio cardiovascolare.

Influenzano l'appetito e persino i nostri gusti: uno studio[13] americano del 2014 ha dimostrato come i batteri, sintetizzando sostanze neurochimiche simili ai nostri ormoni, siano capaci di influenzare le nostre preferenze in materia di cibo, 'consigliandoci' di mangiare ciò che è più funzionale alla loro crescita.

Insomma, 'loro' ordinano al ristorante: noi paghiamo il conto.

La moderna Nutrigenomica ha dimostrato quanto sia importante prenderci cura del nostro microbiota attraverso l'alimentazione, mantenendolo in salute e in equilibrio: una dieta ricca non solo di verdure e cereali integrali, ma anche di alimenti probiotici e prebiotici (per natura, non sempre servono integratori, solo consumatori più informati) opera una vera e propria selezione dei batteri presenti nella nostra flora intestinale, favorendo quelli 'buoni' e (letteralmente) affamando quelli 'cattivi.'

Ricordiamocene, quando ordiniamo zuppa di miso dal giapponese.

## 'LATTE' DI SOIA

Ad oggi, tra le bevande vegetali, solo il latte di mandorla può per legge adottare la denominazione commerciale di latte. Eppure la bevanda di soia, per valori nu-

---

[13] Joe Alcock, Carlo C Maley and C Athena Aktipis Is eating behavior manipulated by the gastrointestinal microbiota? Evolutionary pressures and potential mechanisms, Bioessays. Ottobre 2014; 36(10): 940–949.

trizionali, è in realtà quanto di più vicino a ciò che ci si aspetterebbe da un latte adatto all'alimentazione nell'adulto: buon tenore di proteine, pochi zuccheri, zero colesterolo e pochi grassi, perlopiù insaturi; oltre a un buon potere saziante e a un discreto apporto di calcio e vitamine del gruppo B, che mantengono metabolismo e sistema immunitario più efficienti. Facile da preparare anche in casa, si ottiene dalla bollitura di fagioli di soia gialla ammollati e sminuzzati (per 15 minuti, non di più, in modo da non conferire un odore fastidiosamente sulfureo al prodotto). Una volta cotto, il composto viene filtrato in panno di cotone o lino: la bevanda così ottenuta può essere conservata in frigo per 2-3 giorni. Il residuo ottenuto dalla filtratura (*okara*), ricco in fibre, acidi grassi e ancora con un modesto quantitativo di proteine, viene frequentemente utilizzato nella cucina vegan per la produzione di burger di soia, crocchette, paté e prodotti da forno arricchiti in proteine. Il vantaggio dell'autoproduzione non è soltanto economico: partendo dalla materia prima, possiamo essere certi della tracciabilità del prodotto e di aver acquistato soia non-OGM. Curando noi stessi l'ammollo e la cottura, è possibile ridurre sensibilmente la presenza di anti-nutrienti (acido fitico) e sostanze che penalizzerebbero la digeribilità della bevanda, come saponine, oligosaccaridi e anti-tripsine, oltre che ottenere un prodotto più 'concentrato', ricco in proteine e dal basso impatto glicemico; la maggior parte delle bevande in commercio contengono circa il 5-6% di soia su litro di latte: poco più che acqua colorata, dunque, ma opportunamente 'insaporita' ( quasi mai a vantaggio della nostra salute).
La bellezza dell'artigianalità è che possiamo giocare con i sapori come per qualsiasi ricetta: addolcire con malto, zucchero di cocco o polpa di dattero, oppure scegliere di non dolcificare affatto; arricchire con mandorle, nocciole o semi di canapa, aggiungere vaniglia, curcuma o, per i più golosi, una buona dose di cioccolato!

## TOFU

Come tutte le ricette più antiche, anche le origini del tofu sono incerte. Consumato in Cina da oltre duemila anni e solo in seguito in gran parte dell'Estremo Oriente, si ritiene che sia nato intorno al 164 a.C. nel nord della Cina, sotto la dinastia Han. Leggenda vuole che sia stato un nobile scrittore taoista, Liu Han, consigliere dell'imperatore, ad inventare la ricetta accidentalmente, aggiungendo del semplice sale da cucina alla bollitura di fagioli di soia finemente sminuzzati. Naturalmente non vi sono documenti che attribuiscano con certezza alla personalità di Han la scoperta, ma certo è che all'epoca già presso i mongoli, popolazione nomade di pastori stanziata a sud-ovest della Manciuria, era uso comune cagliare il latte (caprino e vaccino, in questo caso) per ottenere delle formaggelle fresche. Intorno al VII sec. d.C., con la diffusione della cultura buddhista in gran parte dell'Oriente, il tofu si diffuse in Corea, Vietnam, Thailandia e infine Giappone. Solo molto più tardi, nel XX secolo, iniziò ad essere conosciuto e commercializzato in Occidente.

Ma come nasce? In effetti, il tofu è forse l'unico derivato vegetale che possa avvalersi del nome (ad ogni modo improprio) di 'formaggio di soia', sia per modalità di produzione che per proprietà nutrizionali: in modo quasi analogo al formaggio quark, infatti, si ottiene portando a bollore il latte, aggiungendo un caglio inorganico e attendendo la coagulazione delle proteine; i 'fiocchi' che affiorano in superficie vengono filtrati in una tela di cotone e trasferiti in fuscelle per allontanare il siero. A seconda del caglio utilizzato (solfato di calcio, succo di limone, cloruro di magnesio - nigari - i più diffusi) si otterranno fiocchi più o meno grandi e di conseguenza un tofu più vellutato o più fermo.

Dal punto di vista nutrizionale, rispetto ai formaggi freschi tradizionali il tofu è (ovviamente) totalmente privo di lattosio, proteine del latte e colesterolo, povero di grassi, con un ottimo apporto di proteine (15 g per 100 g di prodotto, con la metà delle calorie di una mozzarella), vitamine del gruppo B e sali minerali (calcio, ferro, potassio, magnesio).

Un alimento bilanciato e tendenzialmente ipocalorico, dunque, dal gusto neutro e delicato, particolarmente versatile in cucina. Con il vantaggio di essere molto più digeribile della soia da cui deriva: gran parte dell'anti-tripsina, infatti, viene neutralizzata durante la cottura o viene allontanata (assieme agli oligosaccaridi) attraverso il siero.

Ad oggi esistono in commercio innumerevoli tipologie di tofu: al naturale, fermentato, affumicato e più o meno aromatizzato, in modo da andare incontro ai gusti di un consumatore sempre più esigente. Personalmente ho sempre preferito il tofu giapponese, più morbido e dolce, da gustare in una buona zuppa di miso o da reinventare per ricette dolci.

## MISO

Il miso è uno dei condimenti più antichi conosciuti, originario della Cina e diffusosi in Giappone intorno al VI secolo d.C., sebbene fin dal Neolitico in Estremo Oriente vi sia traccia dell'utilizzo di un suo possibile 'antenato', lo *Jomon miso*, ottenuto da cereali e piccoli pesci. Soltanto

nel periodo Muromachi i monaci buddisti iniziarono a produrre miso da sola soia, giungendo alla ricetta oggi conosciuta.
È una pasta morbida e molto saporita, ottenuta dalla fermentazione della soia e di altri cereali (riso, orzo) ad opera di un microrganismo, l'*Aspergillus Oryzae*, con aggiunta di sale e lasciata maturare in botti di cedro, in condizioni di umidità e ossigenazione controllata, da 12 mesi fino a 3 anni.
In base al colore e al grado di sapidità si distinguono:

- ***shiro-miso*** (miso bianco): dal gusto più leggero e delicato, grazie alla fermentazione non troppo lunga, ottenuto mediante l'aggiunta di riso alla pasta in fermentazione. È la varietà perfetta per avvicinarsi per la prima volta a questo alimento.

- ***aka-miso*** (miso rosso): dal gusto più robusto, viene prodotto mediante una fermentazione più lunga, di circa 18 mesi; è il miso più utilizzato a Tokyo e nella regione dell'Honshu per lo spiccato gusto *umami*. Ideale per arricchire zuppe invernali particolarmente corroboranti o per dare una bella sferzata di gusto alle verdure sautè

- ***kuro-miso*** (miso nero): ottenuto da sola soia e con una lunga fermentazione, è il miso dal gusto più intenso. Una varietà particolarmente pregiata, l'***hatcho-miso*** o miso dell'Imperatore, viene ottenuto da soia lasciata fermentare fino a 2 anni ed è la varietà prediletta dalla famiglia imperiale

Naturalmente, come per qualsiasi alimento fermentato (pensiamo al nostro aceto balsamico di Modena, ad esempio), le qualità organolettiche del prodotto finale variano considerevolmente in base alla regione di produzione, alle condizioni di umidità e temperatura, alla quantità di sale impiegato e in conseguenza di tutte quelle piccole attenzioni che rendono unica l'artigianalità, in qualsiasi Paese del mondo.
Il miso tuttavia, a differenza del comune 'brodo granulare in pasta', cui molti lo assimilano per sapore ed utilizzo in cucina, è molto più di un semplice condimento. Ricco di proteine di alto valore biologico, è un alimento completo di tutti gli otto aminoacidi essenziali, facilmente biodisponibili proprio in virtù della fermentazione. Grazie al buon apporto di vitamine del gruppo B (inclusa la B12, se acquistiamo miso non pastorizzato), potassio, magnesio, ferro, sodio, calcio e zinco, rafforza il sistema immunitario, è utile in caso di astenia e anemia oltre che efficace per riequilibrare i sali minerali persi in estate e con l'attività fisica. La presenza di lecitine rende il miso un vero e proprio 'spazzino' delle arterie, aiutando a mantenere sotto

controllo i livelli di colesterolo e trigliceridi nel sangue. Grazie alla compresenza (assieme all'Aspergillus responsabile della fermentazione) del *Tetragenococcus halophilus* e del *Lactobacillus acidophilus*, probiotici, aiuta a ripristinare l'equilibrio della flora intestinale, a vantaggio della nostra salute. Molto più di un insaporitore, dunque, ma che va consumato, ad ogni modo, con grande moderazione: a causa dell'elevato contenuto di sodio, è sconsigliato in caso di ipertensione, calcolosi renale e gastrite. Ogni cosa consumata a suo modo, nelle giuste quantità e senza eccessi: l'abitudine di bere una tazza di zuppa di miso prima di ogni pasto, in uso in Giappone fin dal periodo Edo, facilita i meccanismi digestivi, contribuisce alla riduzione del rischio cardiovascolare e ci aiuta ad integrare nella nostra dieta vitamine, sali minerali e antiossidanti preziosi per il nostro benessere.

**SHOYU (salsa di soia giapponese)**

La salsa di soia è un condimento fermentato anch'esso originario della Cina, affermatosi in Giappone e in altri Paesi dell'Estremo Oriente (Corea, Indonesia e Filippine), con alcune differenze di tradizione in tradizione, in seguito alla diffusione del Buddhismo.

Ottenuta mediante fermentazione di soia e grano tostato ad opera dell'*Aspergillus oryzae* (o *koji*, lo stesso micete utilizzato per la produzione del miso e del sake) con aggiunta di acqua e sale, successiva maturazione in botti di legno fino a 5 anni e filtratura, è un condimento molto ricco di sodio, da utilizzare con moderazione per conferire alle pietanze un caratteristico gusto *umami*.

Anche in questo caso, la produzione artigianale presenta importanti differenze rispetto a quella industriale, in termini di qualità della materia prima e del prodotto finale. Se da noi è possibile reperire in commercio poche varietà (in genere una 'classica' e una 'mild shoyu', a basso tenore di sale e dal gusto più delicato), in Oriente la salsa di soia si presta ad infinite declinazioni, dalla più chiara alla più scura, dalla più delicata, addolcita con *amasake*, fino alla Tamari, la più saporita, prodotta quasi totalmente senza grano. Ad oggi soltanto pochi negozi etnici (o di alimentazione macrobiotica) possono offrire maggiore varietà rispetto ai prodotti della grande distribuzione; per questo, quando ho un po' di tempo libero, trovo sempre molto affascinante aggirarmi per le botteghe etniche tradizionali, parlando con qualche anziano o con le cuoche di famiglia più esperte: è straordinario quante cose si possano imparare.

**TEMPEH**

Originario dell'isola di Giava e diffuso in gran parte del sud-est asiatico, il tempeh è tra i derivati della soia più salutari: ricco in proteine (20.7 g su 100g di prodotto) dall'alto valore biologico e povero di grassi e carboidrati, può essere considerato di diritto un'importante fonte di proteine vegetali nella dieta vegana e vegetariana.

Si ottiene dai fagioli di soia, ammollati e cotti brevemente, mediante inoculo in ambiente acido (spesso con aggiunta di semplice aceto) di spore del fungo *Rhizopus oligosporus*. Durante la fermentazione (24 ore a 30°C), i fagioli di soia vengono inviluppati in una fitta rete di miceli filamentosi, saldandosi tra loro e compattando la masserella finale. Il tempeh viene poi tagliato in blocchi e avvolto in foglie di banano per la commercializzazione. Se alla descrizione non sembra l'alimento più prelibato al mondo, dovete sapere che proprio in virtù della particolare fermentazione il Tempeh assume un caratteristico sapore di funghi essiccati e noci, unico e ricercato tanto quanto l'affinatura dei formaggi tradizionali cui siamo abituati alle nostre latitudini.

Non è tutto: grazie alla fermentazione, i fagioli di soia perdono la quasi totalità degli oligosaccaridi e delle anti-tripsine che li rendono così indigesti, mentre l'idrolisi delle proteine ne aumenta notevolmente la pronta biodisponibilità. Ricco di fitosteroli e lecitine, vitamine del gruppo B, calcio, ferro e zinco, il tempeh contribuisce a ridurre il rischio di patologie cardiovascolari e osteoporosi, stimola il sistema immunitario e protegge la salute dell'intestino. Povero di sodio, a differenza di miso e shoyu, non presenta controindicazioni al consumo e soprattutto: è buonissimo!

A me piace esaltarne le note di bosco e di affumicatura, abbinandolo a funghi, asparagi, salvia e rosmarino, oppure armonizzandone la mineralità con la dolcezza del cavolo rapa o dello spinacino; non sarà nulla di simile alle ricette dei Paesi di origine, certo, ma forse il bello della cucina è proprio questo: non porre alcun limite alla conoscenza e all'invenzione, avvicinando le culture molto più di quanto l'uomo, coscientemente, possa fare.

## SOIA SÌ O SOIA NO? LA PAROLA ALLA SCIENZA

Ricorderemo tutti, negli ultimi anni, il gran polverone mediatico nato attorno al consumo di soia, tanto che, come spesso accade, i consumatori si trovano ancor più disorientati nelle scelte, incapaci di discernere tra ciò che vero e ciò che è pura supposizione o, peggio ancora, *fake news*. Ecco perché, in tutti i casi in cui si nutrono dubbi in materia di scienza medica e nutrizione, raccomando sempre di fare un'unica, ma fondamentale, scelta: quella di *come* informarci e *da chi* ricevere informazioni.

La parola, in tutti i casi in cui si parli della vita e della salute delle persone, deve necessariamente passare alla Scienza.

L'interesse rivolto alla soia dalla comunità scientifica deriva in primo luogo dal suo **profilo nutrizionale**: povera di grassi e carboidrati (soltanto 23 g, di cui 11 g zuccheri) e totalmente priva di colesterolo, contiene più proteine rispetto agli altri legumi (37 g su 100g di parte edibile), complete degli otto aminoacidi essenziali. Il discreto apporto di acidi grassi, perlopiù mono- e poli-insaturi, garantisce un buon apporto di omega 3 e omega 6, proteggendo la salute del cuore; a ridurre il rischio cardiovascolare concorrono anche fibre solubili, lecitine, fitosteroli e saponine, abbassando i livelli di glucosio, colesterolo e trigliceridi nel sangue. Principale oggetto di studio, tuttavia, sono gli **isoflavoni**, dei fito-estrogeni, ovvero molecole che, per struttura chimica, sono simili ai nostri ormoni e possono così legarsi ai rispettivi recettori modulando la risposta ormonale nelle varie fasi della vita: in età fertile, legandosi ai recettori in luogo dei 'nostri' ormoni con meccanismo competitivo, concorrono a regolarizzare i picchi ormonali, risultando utili nel trattamento di dismenorrea e amenorrea, oltre che nella normalizzazione della produzione di sebo, riducendo l'insorgenza dell'acne tipica dell'adolescenza. In menopausa e climaterio, invece, compensano il calo ormonale, riducendo vampate e sbalzi d'umore e, comportandosi in modo simile ad una terapia ormonale sostitutiva, possono contribuire a ridurre il rischio di osteoporosi. Ma c'è di più: proprio in virtù del loro comportamento simil-ormonale, in diversi studi gli isoflavoni hanno dimostrato efficacia preventiva nei confronti di tumori ormono-secernenti, come carcinoma della prostata e cancro al seno.

Uno studio[14] del 2008, condotto dal Dipartimento di Patologia del Barbara Ann Karmanos Cancer Institute di Detroit, ha indagato il ruolo della genisteina, uno dei più importanti isoflavoni della soia: sia in vitro che in vivo la genisteina antagonizza

---

[14] S Banerjee, Y Li Z Wang, Fazlul H Sarkar, *Multi-targeted therapy of cancer by genistein*. Department of Pathology, Barbara Ann Karmanos Cancer Institute, Wayne State University School of Medicine, 740 Hudson Webber Cancer Research Center, 110 E Warren, Detroit, MI 48201, USA. Cancer Letters. Volume 269, numero 2, 8 ottobre 2008, pagine 226-242

le vie di segnalazione cellulare mediate dagli estrogeni e dagli androgeni nei processi di carcinogenesi; inoltre, in virtù delle sue proprietà antiossidanti, è un potente inibitore dell'angiogenesi e della formazione di eventuali metastasi. I dati clinici, dunque, dimostrano non solo l'efficacia preventiva della genisteina, ma lasciano auspicare la possibilità del suo utilizzo come coadiuvante delle terapie tradizionali.

I dati degli studi sono confermati anche dall'epidemiologia: le donne del sud-est asiatico si ammalano di meno delle donne occidentali; nel 2017 la percentuale di rischio di cancro al seno è di circa un terzo rispetto all'Europa centro-meridionale e all'Oceania, mentre addirittura di un quarto rispetto agli Stati Uniti. È ragionevole pensare, tuttavia, che il merito non sia soltanto della soia, ma di una alimentazione che prevede anche un largo consumo di verdure e cereali integrali, con la quasi totale assenza di prodotti caseari, dovuta non solo ad istanze culturali ma anche ad un'alta prevalenza di latto-intolleranza nelle popolazioni asiatiche.

Quali sono allora i dati a sfavore? Alcuni specialisti sconsigliano il consumo di soia in donne che hanno già avuto diagnosi di cancro al seno: la somministrazione di fito-ormoni in questo caso potrebbe stimolare la proliferazione delle cellule cancerose, risultando deleteria, sebbene i dati clinici siano ancora al vaglio degli esperti. Gli isoflavoni, inoltre, interferiscono con l'attività di taluni chemioterapici (tamoxifene), rischiando di ridurre l'efficacia delle terapie. Vi è da dire, tuttavia, che lo scetticismo manifestato dagli oncologi è rivolto verso la somministrazione degli isoflavoni isolati (integratore) e non verso la soia in sé come alimento completo, nella quale il contenuto di isoflavoni, come per altri legumi o cereali, è nettamente al di sotto della soglia di rischio. Non vi sono ad oggi studi clinici che sconsiglino il consumo di tofu o altri derivati nelle donne con storico di cancro al seno[15], soprattutto nell'ambito di una alimentazione varia ed equilibrata: vale, come spesso accade, la regola dell'evitamento degli eccessi. La stessa moderazione si raccomanda per i pazienti affetti da ipotiroidismo e gozzo in trattamento ormonale: gli isoflavoni interferiscono con l'attività della levotiroxina, pertanto la soia (come anche alcuni cereali integrali, semi di lino, rapanelli, miglio e crucifere) andrebbe consumata con moderazione e gli integratori di isoflavoni isolati evitati.

E per gli uomini? La soia ha dimostrato un effetto preventivo del carcinoma del-

[15] Dott. Elena Dogliotti, biologa nutrizionista per la *Fondazione Umberto Veronesi*.

la prostata, così come la riduzione del rischio di recidive. Uno studio statunitense, pubblicato nel 2001 su The American Journal of clinical nutrition, ha monitorato per dieci anni le abitudini alimentari di oltre ventimila medici (maschi), dividendo la popolazione in esame in due gruppi di controllo in base all'elevato o basso (spesso nullo) consumo di latte vaccino e prodotti caseari: nel primo gruppo il rischio di incidenza di carcinoma della prostata era superiore del 30% rispetto al secondo gruppo di controllo.

Più preoccupanti i dati raccolti da un altro programma di ricerca ('*Health professionals follow-up study*'), secondo il quale i consumatori di latticini mostrano addirittura un aumento del 70% della probabilità di sviluppare carcinoma prostatico, percentuale sostanzialmente confermata da un altro studio , questa volta finlandese, pubblicato nel 2007 sull'International Journal of Cancer. Responsabile dell'incremento della probabilità di ammalarsi sarebbe proprio l'eccesso di calcio alimentare, che inibisce l'attivazione della vitamina D essenziale per la salute della prostata. Le evidenze scientifiche a sfavore del consumo di latticini sono divenute tali, negli ultimi due decenni, che nel 2012 i medici aderenti al PCRM (Physicians Commitee for Responsible Medicine, fondato da Neal Barnard) hanno chiesto al Governo federale degli Stati uniti di eliminare il latte vaccino dalle mense scolastiche: una svolta epocale, se pensiamo all'impatto della propaganda commerciale di oltre mezzo secolo su famiglie e famiglie di statunitensi abituate a bere latte non solo a colazione ma in qualsiasi momento della giornata, persino ai pasti principali.

I più moderni studi stanno valutando l'efficacia preventiva anche nei confronti del tumore al polmone, sebbene in questo caso fattori ambientali e tabagismo siano componenti non trascurabili nell'influenzare pesantemente le percentuali di rischio.

---

[16] Chan JM, Stampfer MJ, Ma J, Ghann PH, Gaziano JM, Giovannucci EL, *Dairy products, calcium and prostate cancer risk in the Physicians' Health study*, Am J Clin Nutr, ottobre 2001, n.74 (4), pp.549-554.

[17] Giovannucci E, Liu Y, Platz EA, Stampfer MJ, Willet WC, *Risk factors for prostate cancer incidence and progression in the health professionals follow-up study*, Int J Cancer, ottobre 2007, n. 121 (7), pp. 1571-1578.

[18] Mitrou PN, Albanes D, Weinstein SJ, Pietinen P, Taylor PR, Virtamo J, Leitzmann MF, *A prospective study of dietary calcium, dairy products and prostate cancer risk (Finland)*, Int J Cancer, giugno 2007, n 120 (11), pp. 2466-2473.

# AMMOLLO E COTTURA DI LEGUMI

| Varietà | Ammollo | Cottura |
|---|---|---|
| Ceci bianchi | 12-24 ore | 2 ore |
| Ceci neri | 48 ore | 3 ore |
| Cicerchie | 12 ore (spezzate) 48 ore (intere) | 2 ore |
| Fagioli bianchi piccoli | 6-8 ore | 90 min |
| Fagioli rossi e borlotti | 8 ore | 90 min |
| Fagioli Mung | 8 ore | 90 min |
| Fagioli Azuki | 12 ore | 50 min |
| Fagioli dall'occhio | 12-24 ore | 90 min |
| Fave in guscio | 48 ore | 2-3 ore |
| Fave decorticate | 6 ore | 1 ora |
| Lenticchie nere/gialle/verdi piccole | nessun ammollo | 30 min |
| Lenticchie rosse e verdi giganti | 2 ore | 40 min |
| Lenticchie rosse decorticate | nessun ammollo | 25 min |
| Piselli secchi | 2 ore | 45 min |
| Piselli secchi spezzati | nessun ammollo | 40 min |
| Soia gialla | 24 ore | 2-3 ore |
| Soia nera | 24 ore | 2-3 ore |

# FRUTTA & VERDURA: IMPARIAMO A FARE LA SPESA!

La nostra cucina parte da qui.
Ogni colore, ogni profumo, ogni ricetta nasce dagli ingredienti freschi che la Natura ci offre. Vitamine, sali minerali, fibre, carboidrati complessi, amidi, persino (non ci crederete) proteine e grassi: ogni giorno frutta e verdura possono fornirci, con poca spesa, tutto ciò di cui abbiamo bisogno, accompagnandoci secondo il ritmo delle stagioni.

Con un po' di dimestichezza non è difficile imparare a bilanciare i nutrienti all'interno dei nostri pasti e spesso colore, odore e consistenze possono suggerirci per istinto le scelte migliori da fare.
Create, divertitevi in cucina e sbizzarritevi con la fantasia, ma affidatevi a poche semplici regole:

*Freschezza, Stagionalità, Sostenibilità.*

## DOVE LE COMPRO?

### MERCATI RIONALI

Se vi sentite giù di morale, andate al mercato!
Chiassoso, colorato, brulicante di vita e di odori: i mercati rionali sono una fonte inesauribile di ispirazione. Porto sempre qui i miei studenti alle prime armi, perché non si può cucinare bene se non si impara a fare bene la spesa. Addentratevi per i vicoli, curiosate dappertutto, cercate i prodotti migliori e più freschi; ma, soprattutto, parlate con i contadini, saranno loro i primi ad insegnarvi a cucinare.
È al mercato che acquisto buona parte di ciò di cui ho bisogno, con il vantaggio di disporre di alimenti sempre freschi, locali, stagionali e al giusto prezzo.
Negli ultimi anni, inoltre (grazie anche alla crescente sensibilità da parte dei consu-

matori), molti più produttori hanno scelto di riconvertire i terreni all'agricoltura biologica e biodinamica e al giorno d'oggi non è più così difficile come in passato reperire prodotti bio, anche nei semplici mercati di quartiere.

Lasciatevi sedurre da ciò che non conoscete (il mercato è lo specchio della biodiversità del vostro territorio) ma, per esperienza, andateci con le idee chiare o rischiereste di comprare molto di più di ciò che serve!

Ogni giorno è perfetto per andare al mercato, il prodotto viene rifornito al mattino e spesso, nei weekend, anche più volte al giorno; evitate solo il lunedì, soprattutto se non potete andarci spesso e avete bisogno di comprare prodotti freschissimi che durino il più possibile: molti mercati sono chiusi ma, qualora aperti, c'è meno varietà del consueto nell'assortimento e i produttori hanno bisogno di smaltire le rimanenze della settimana precedente. Non fa differenza per radici, tuberi, aglio, cipolle e frutta da serbo come mele e pere, ma se cercate un mazzetto di spinaci o di rucola fresca potreste restare delusi.

L'ora che preferisco è al mattino presto: incontrerete ristoratori e tanti cuochi come me che fanno a gara per il prodotto più fresco prima ancora che venga esposto sul bancone; in tarda mattinata, invece, poco prima della chiusura, è facile trovare frutta e verdura a prezzi mol-

to convenienti, venduta anche a cestino o cassette: molti prodotti sono estremamente deperibili e non sarebbe possibile venderli il giorno dopo, perciò, se cercate qualche idea per un pranzo al volo o vi serve frutta in quantità per marmellate e conserve è l'orario migliore.

Ma come si fa a non cadere in qualche fregatura?

La risposta è: conoscenza, dialogo, rispetto, fiducia.

Parlate con i produttori, scegliete in modo competente, innamoratevi del loro lavoro: il mercato è un luogo vivo e conviviale, fatto di contatto, parole e idee, dove ogni giorno si può imparare qualcosa.

**G.A.S.**

Il gruppo di acquisto solidale sono il segno dell'economia che cambia. Nascono nel 1994 a Fidenza, in provincia di Parma, per diffondersi in breve tempo in tutta Italia fino al riconoscimento ufficiale nella legge finanziaria del 2008 come "soggetti associativi senza scopo di lucro costituiti al fine di svolgere attività di acquisto collettivo di beni e distribuzione dei medesimi con finalità etiche, di solidarietà sociale e sostenibilità ambientale". Ciò che li distingue, infatti, dai comuni gruppi di acquisto (si effettua un acquisto collettivo cumulativo da redistribuire tra i singoli, con notevole risparmio di denaro) è proprio la forte connotazione sociale ed etica, che si traduce non soltanto nella scelta di produttori che rispettino i princìpi di sostenibilità ambientale e rispetto dell'etica del lavoro, ma anche nella messa in campo di attività che valorizzino la biodiversità del territorio e l'economia locale, promuovano il contatto diretto produttori-consumatori, il rispetto dell'ambiente, l'esperienza di rete e l'economia solidale.

I GAS ripensano il consumatore come 'soggetto critico', le cui scelte di ogni giorno hanno un impatto fondamentale sul mondo che lo circonda. Gli restituiscono, di fatto, il suo diritto più importante: la libertà di scelta; rendendo l'acquisto non più un evento privato, relativo a gusti, desideri e al portafoglio del singolo consumatore, ma un atto pubblico e consapevole, libero e incondizionato.

La 'scelta' di un'unica persona è piccola cosa, ma è proprio grazie alla rete, all'esperienza solidale, che diventa qualcosa di imponente, in grado di cambiare il sistema produttivo, la politica aziendale, fino ad influenzare le multinazionali e l'economia globale.

Come funzionano?

Spesso i GAS si costituiscono in associazione o si appoggiano ad altre già esistenti; oppure sono gruppi di persone più piccoli, che organizzano gli acquisti in modo collettivo programmando gli approvvigionamenti. Su internet è facile trovare gli elenchi dei GAS delle singole associazioni per ogni regione, in modo da trovare quello più vicino a noi e alle nostre esigenze. I vantaggi sono moltissimi:

- **stagionalità e bontà**: la disponibilità dei prodotti freschi è strettamente stagionale, fanno bene e sono più buoni, perché provenienti da aziende che lavorano in agricoltura biologica e biodinamica

- **biodiversità ed etica del lavoro**: i GAS proteggono i piccoli produttori dal confronto impari con le multinazionali, promuovendo la vendita di prodotti di aziende locali che scelgono di investire nella biodiversità del territorio e di produrre nella tutela dei diritti dei lavoratori, impegnandosi, inoltre, in attività di riqualificazione sociale.

- **risparmio**: programmare gli acquisti induce necessariamente a riflettere sui propri consumi, insegnando alle famiglie a comprare il giusto, senza sprechi; sommare tanti piccoli acquisti in un unico ordine collettivo determina un notevole vantaggio economico per il singolo consumatore.

- **salvaguardia dell'ambiente**: acquistare da produttori locali riduce drasticamente l'impatto ambientale del trasporto su gomma per la distribuzione delle merci a grande distanza, mentre il sistema di smistamento dei prodotti tra i componenti del GAS rende molto meno necessario l'impiego di imballaggi.

*E gli svantaggi?*

Abituarsi all'idea che un prodotto 'buono' non sempre è 'bello' come siamo abituati a pensare, ma sicuramente molto più genuino; che non posso comprare le nespole tutto l'anno, trovare i finocchi ad agosto e le melanzane in pieno inverno, ma posso imparare che anche patate, mele e cipolle hanno la loro stagionalità e biodiversità e cambiano per ogni momento dell'anno.
Devo sentirmi disposto a pagare qualcosa in più per la mia passata di pomodoro, ma posso essere sicuro che chi lo ha prodotto ha la coscienza pulita.
Posso scoprire che esistono spezie, varietà di tè e cacao che prima non conoscevo, provenienti da villaggi in cui si gioisce del lavoro agricolo, i bambini possono andare a scuola e le famiglie non vivono in miseria, oppure che scegliere un prodotto senza un dato ingrediente ha un impatto notevole sulla tutela dell'ambiente anche a migliaia di km di distanza. Questo, e molto altro, è ciò che significa GAS. A voi la scelta.

### La grande distribuzione (GDO)

Immensi, ben forniti, aperti a tutte le ore:

sono i supermercati, ipermercati e maxi-store che compongono il volto della grande distribuzione, nella quale è possibile trovare di tutto e a qualsiasi prezzo.

'Qualsiasi prezzo': è proprio questo il nocciolo della questione.

Nel 2013 l'Antitrust ha condotto un'indagine sulla GDO i cui risultati hanno fatto emergere un evidente inasprimento della conflittualità tra produttori e distributori, spesso a svantaggio della qualità dei prodotti e della salute dei consumatori. Le principali criticità derivano dal progressivo accentramento delle singole catene di distribuzione all'interno di poche super-centrali di acquisto, nate, sì, per rendersi concorrenziali verso i grandi gruppi internazionali, ma la cui struttura non è stabile, con attori che entrano ed escono continuamente dalla compagine aumentando sconsideratamente la trasparenza delle contrattazioni con i fornitori, a discapito, ovviamente, dei secondi. Per far fronte alla domanda di 'sconti' e 'sottocosto' da parte di noi consumatori si innesca una corsa al prezzo più basso da strappare al fornitore, con erosione dei suoi guadagni. A portare quasi a zero i profitti partecipano anche i contributi per i servizi (*trade spending*), ovvero il compenso che l'azienda offre al distributore per l'insieme delle attività promozionali, di distribuzione e vendita, che incide fino al 40%[19] sulla trattativa finale ma i cui benefici per le aziende a monte sono molto aleatori e quasi mai evidenti. La *listing fee* che le piccole-medio imprese pagano al distributore per vedere i loro prodotti nel novero dell'assortimento a scaffale non toccano invece alle grandi aziende: nessun supermercato si priverebbe infatti di avere i marchi più noti di qualsiasi referenza, dai generi alimentari al detersivo per i piatti, sempre a disposizione per i propri clienti. La distribuzione territoriale di grosse catene e centrali di acquisto non è uniforme sul suolo nazionale, pertanto alcuni mercati soffrono più di altri di questo continuo gioco al ribasso. Così, per non soccombere agli scarsi guadagni, i produttori si vedono costretti a 'ritoccare' i sistemi di produzione e la gestione del lavoro, spesso a svantaggio di qualità e sostenibilità.

Il volto positivo della grande distribuzione è che anche qui si avverte, da pochi anni, la traccia dei tempi che cambiano: la 'rivoluzione verde', che chiede più trasparenza e tracciabilità della filiera e maggiore sostenibilità etica e ambientale, ha aperto la via a un nuovo modo di intendere supermercati e ipermercati, in cui si incentiva l'acquisto di prodotti sfusi e compaiono

[19] Fonte AGCM (Autorità Garante della Concorrenza e del Mercato.)

nuove linee di referenze bio e a marchio fair trade.
Ciò che conta, naturalmente, è rientrare nel proprio ruolo di consumatore consapevole ed esercitare con giudizio la propria libera capacità di discernimento.

**MERCATI DELLA TERRA.**
Sono mercati contadini gestiti collettivamente, spazi di incontro e condivisione che azzerano le distanze tra produttore e consumatore. Gestiti da una comunità consapevole di enti pubblici, cittadini, produttori e altre figure potenzialmente interessate, come i ristoratori, mettono al centro delle proprie attività la promozione della cultura delle tradizioni locali e la biodiversità del territorio.
Da Tel-Aviv a Civitanova Marche, da Puerto Rico a Frascati fino al South Carolina e alla Tanzania, i mercati della terra, nati sotto l'egida della Fondazione Slow Food, preservano l'identità delle comunità locali, promuovono la vendita di prodotti a km0 con un occhio di riguardo alla sostenibilità ambientale e delle politiche lavorative.
Ben 69 in tutto il mondo, di cui 37 soltanto in Italia, assieme ai GAS contribuiscono alla sopravvivenza delle piccole realtà territoriali e alla diffusione di quel patrimonio immenso di tradizioni, sapori e saperi che da sempre chiamiamo 'cibo'.

# FRUTTA SECCA & SEMI: UN INTEGRATORE NATURALE

Croccanti, sfiziosi, straordinariamente versatili: se siete abituati a gustarli solo su insalate e grissini è arrivato il momento di ricredersi!

Semi oleosi e frutta secca sono un valido aiuto per la nostra salute: ricchi di **vitamine** (**A, E, vitamine del gruppo B**), **antiossidanti** e **sali minerali** come manganese, calcio, selenio, rame, ferro e zinco, stimolano le nostre difese immunitarie, rafforzano capelli, unghie e denti, aiutano a contrastare affaticamento e anemia e prevengono il rischio di osteoporosi.

Grazie al buon apporto di **fibre** solubili e **grassi 'buoni'**, proteggono la salute del cuore e abbassano il rischio di malattie cardiovascolari. Fondamentale, poi, l'apporto di **omega-3** e **omega-6**, acidi grassi essenziali che non riusciamo a sintetizzare e dobbiamo introdurre necessariamente attraverso l'alimentazione: costituenti delle membrane cellulari, proteggono la salute del sistema nervoso e sono precursori di numerose molecole coinvolte nella regolazione della pressione sanguigna e della risposta infiammatoria. Gli omega-3, in particolare, svolgono una spiccata azione antinfiammatoria e anti-aggregante e aumentano la sensibilità delle cellule all'insulina, prevenendo l'insorgenza di diabete di tipo 2 (insulino-resistente); alcuni omega-6, invece, possono al contrario favorire l'infiammazione sistemica con aumento del rischio cardiovascolare: ecco perché è così importante che ci sia sempre equilibrio nel rapporto tra omega-3 e omega-6 introdotti con la dieta.

Al giorno d'oggi la nostra alimentazione è molto sbilanciata verso gli omega-6, a causa di una dieta troppo ricca di proteine animali e di alimenti raffinati di origine industriale (olio di soia e acido arachidonico rientrano di frequente nella produzione di snack e prodotti da forno); gli omega-6, inoltre, interferiscono con il metabolismo degli omega-3, peggiorando lo stato di infiammazione dei nostri tessuti.

La soluzione? Tornare ad una alimentazione più 'naturale', in cui vi sia un giusto apporto di grassi nella dieta, prestando particolare cura all'apporto di omega-3: 30 g di noci, un cucchiaio di olio di lino oppure due cucchiai di semi di lino tritati, aggiunti alle nostre insalate, al muesli della prima colazione o in un buon pesto, sono più che sufficienti a coprire il fabbisogno giornaliero di un adulto.

Ma c'è di più. Uno studio del 2010 apparso sull'*American Journal of Clinical Nutrition* ha dimostrato come assumere omega-3 da fonti vegetali sia molto più efficace che da pesce, carne e uova: chi segue un'alimentazione vegetariana o vegana, infatti, riesce a sintetizzare gli acidi grassi a lunga catena (quelli del pesce, per intenderci) dal suo precursore vegetale, l'acido alfa-linolenico, pur non consumando alcun alimento di origine animale[20]. Alcuni studi precedenti, inoltre, hanno finalmente sfatato il mito dell'olio di fegato di merluzzo, dimostrando come l'assunzione di olio di pesce o di integratori di EPA o DHA non abbia alcuna efficacia nella prevenzione di patologie cardiovascolari[21] (come anche di diabete mellito[22], Alzheimer[23] e cancro alla prostata[24]) ma, al contrario, possa influenzare negativamente le percentuali di rischio.

---

[20] Ailsa A Welch, Subodha Shakya-Shrestha, Marleen AH Lentjes, Nicholas J Wareham, Kay-Tee Khaw, "Dietary intake and status of n-3 polyunsaturated fatty acids in a population of fish-eating and non-fish-eating meat-eaters, vegetarians, and vegans and the precursor-product ratio of alpha-linolenic acid to long-chain n-3 polyunsaturated fatty acids: results from the EPIC-Norfolk cohort", American Journal of Clinical Nutrition (Novembre 2010); 92:1040-1051.

[21] Raitt MH, Connor WE, Morris C, et al. Fish oil supplementation and risk of ventricular tachycardia and ventricular fibrillation in patients with implantable defibrillators: a randomized controlled trial. JAMA. 2005;293:2884-2891.

Dijkstra SC, Brouwer IA, van Rooij FJA, Hofman A, Witteman JCM, Geleijnse JM. Intake of very long chain n-3 fatty acids from fish and the incidence of heart failure: the Rotterdam Study. Eur J Heart Fail. 2009;11:922-928.

Rizos CE, Ntzani EE, Bika E, Kostapanos MS, Elisaf MS. Association between omega-3 fatty acid supplementation and risk of major cardiovascular disease events: a systematic review and meta-analysis, JAMA. 2012; 308:1024-1033.

[22] Kaushik M, Mozaffarian D, Spiegelman D, Manson JE, Willett WC, Hu FB. Long-chain omega-3 fatty acids, fish intake, and the risk of type 2 diabetes mellitus. Am J Clin Nutr. 2009;90:613-620.

[23] Quinn JF, Rama R, Thomas RG, et al. Docosahexaenoic acid supplementation and cognitive decline in Alzheimer disease. JAMA. 2010;304:1903-1911.

Insomma, altro che integratori!
Ciò che serve, come sempre, è tornare alle origini, riscoprire il valore aggiunto di una alimentazione più 'pura' e secondo natura, varia e ricca; meglio una buona fetta di torta alle noci, ogni tanto, di tante perle di olio di pesce: è senz'altro anche più buona!

## QUALI SEMI SCEGLIERE?

Aparte noci e semi di lino, che non dovrebbero mai mancare nella nostra dispensa (e nelle ricette di ogni giorno), non c'è una regola fissa su quali varietà preferire: alcune apportano più calcio, altre sono più ricche di ferro, altre ancora aiutano a sentirci meno stanchi o sono più indicate per la buona salute dei capelli; la scelta dipende dalle nostre esigenze.
Assumerli interi garantisce un discreto apporto di proteine e fibre e alcuni semi apportano mucillagini dall'effetto prebiotico, utili per la flora batterica intestinale (in altri soggetti, tuttavia, come in caso di colite o diverticoli, l'eccesso di fibre è deleterio per un intestino già molto infiammato ed è preferibile introdurli nella dieta in forma di olio).
Pugliese di adozione, non posso non parlarvi dell'**olio extravergine di oliva**, fedele compagno della nostra cucina mediterranea. Il consiglio? Lasciatevi conquistare dalle *monocultivar*!
Soltanto in Italia sono oltre 500 (ben il 40% di tutte quelle conosciute a livello globale), ognuna con la propria identità organolettica e molte insignite del marchio D.o.p. e I.g.p.: Ogliarola, Coratina, Frantoio, Nocellara, Moresca, Taggiasca, Biancolilla e molte, molte altre ancora, alcune più dolci, altre amare o fruttate, ognuna con il suo profumo e il suo aroma caratteristico. Spesso, in cucina, parto proprio dal loro profumo per lasciarmi ispirare nelle mie ricette.
Sebbene il consiglio sia di consumarlo sempre **a crudo**, in modo da beneficiare al meglio delle sue proprietà e non alterarne l'aroma, l'olio di oliva è un valido aiuto anche **in cottura**: grazie alla presenza di acidi grassi mono-insaturi, infatti, più abbondanti dei poli-insaturi, è più stabile alle alte temperature rispetto ad altri oli vegetali come canapa, noci e lino, che andrebbero consumati solo esclusivamente crudi.
Le nostre nonne non sbagliavano, dunque, nel friggere (con moderazione!)

[24] Brasky TM, Till C, White E, et al. Serum phospholipid fatty acids and prostate cancer risk: results from the Prostate Cancer Prevention Trial. Am J Epidemiol. Published ahead of print (24 aprile 2011). doi: 10.1093/aje/kwr027.

esclusivamente in olio di oliva, invece del più moderno olio di semi raffinato, come facciamo al giorno d'oggi.
Per la stessa ragione: so che sono più golosi ma evitate di tostare semi e frutta a guscio in forno! Le alte temperature alterano la struttura chimica degli acidi grassi, causando la formazione di perossidi dei lipidi, radicali liberi pericolosi per la nostra salute.
Per rendere i vostri semi più croccanti e gustosi lasciateli asciugare dolcemente a temperature più basse, oppure, in piena estate, all'aperto in una zona fresca e non troppo soleggiata del balcone, coperti da una garza di cotone: perderanno umidità, conservandosi ben asciutti e al riparo da muffe per tutto l'inverno, in un barattolo di vetro.

## I MUST HAVE DELLA DISPENSA

### SEMI DI SESAMO

Ricchi di **calcio** (ben 975 mg per 100 g di prodotto) e **acido folico**, aiutano a proteggere le ossa dal rischio di osteoporosi, sono essenziali per la **crescita dei più piccoli** e una valida integrazione per le **neo mamme**. Il selenio protegge organi e tessuti dallo stress ossidativo ed è fondamentale per il corretto funzionamento della **tiroide**.
Sfiziosi e saporiti, sono perfetti per dare un tocco in più a verdure e primi piatti, per arricchire le barrette da portare in palestra, o ancora per impreziosire *truffles* salati e polpettine di verdure.
La **tahina** (chiara, più delicata, o scura dal sapore più robusto) è un ingrediente fondamentale di tante ricette del Medio Oriente, dall'hummus fino ai falafel e al babaganoush, ed è perfetta anche come punto di partenza per salsine sfiziose da accompagnare alle crudité dell'aperitivo. Ha un gusto molto forte, simile al burro di arachidi ma decisamente meno dolce, quindi attenzione alle dosi!
L'**olio di sesamo** ha un profumo caratteristico, ricco e pungente, che ti riporta subito in Estremo Oriente. Un cucchiaino basta a caratterizzare qualsiasi ricetta.

### SEMI DI ZUCCA

Quanti ne ho mangiati da piccina! Grazie al buon apporto di **triptofano, precursore della serotonina** ('ormone del buonumore'), contribuiscono a regolarizzare il ciclo sonno-veglia, aiutandoci a riposare meglio e a svegliarci più freschi al mattino, pronti per affrontare la giornata. Il **magnesio**, oltre a stabilizzare il tono dell'umore, contrasta **crampi muscolari**, **debolezza** e **affaticamento**, mentre il **ferro** li rende utili negli stati di anemia. Grazie al contenuto di fibre, **antiossidanti** e **fi-**

**tosteroli**, aiutano a mantenere sotto controllo il livelli di colesterolo e trigliceridi nel sangue, riducendo il rischio cardiovascolare, mentre diversi studi in vivo hanno dimostrato l'efficacia dell'olio di zucca nel trattamento dei sintomi di prostatite benigna[25] e dell'estratto di **cucurbitina** nella **prevenzione del cancro alla prostata, mammella e colon-retto**[26], con una riduzione del 40-50% della crescita *in vitro* di tutte le linee cellulari. Risultati promettenti, che confermano quanto ancora ci sia da scoprire riguardo alle profonde influenze dell'alimentazione sul nostro stato di salute e sulla nostra aspettativa di vita.

Perfetti come spezza-fame o per uno spuntino a scuola o in palestra, aggiungetene una manciata alle insalate, ai frollini o alla granola della colazione. L'olio di zucca, poi...è buonissimo! Il mio preferito sugli asparagi, zucca e funghi alla piastra.

## SEMI DI GIRASOLE

Potenti antiossidanti grazie al contenuto di **vitamina E** (30 g ne coprono tranquillamente il fabbisogno giornaliero e ne basta davvero una manciata se seguiamo un'alimentazione ricca anche di cereali integrali, legumi e frutta secca), i semi di girasole proteggono dai radicali liberi responsabili dell'invecchiamento cellulare e dello stress ossidativo dei nostri tessuti.

Grazie al buon apporto di **fitosteroli**, **acido oleico** e **linoleico**, proteggono la salute dell'apparato cardiovascolare, riducendo il rischio di aterosclerosi, ictus e infarto; **rame**, **magnesio** e **acido folico** li rendono utili **in gravidanza**, per un corretto sviluppo del nascituro, quanto **in menopausa** nel prevenire il rischio di osteoporosi e contrastare **astenia e affaticamento**.

Dal gusto dolce e delicato, sono ideali per realizzare creme dolci da spalmare sul pane o per arricchire un buon pesto. La ricetta che preferisco? Insalata di grano saraceno con rucoletta, ciliegino semisecco e semi di girasole, una vera delizia! Un'unica accortezza: acquistateli senza sale. O la pressione schizzerà alle stelle e addio benefici.

## SEMI DI LINO

Classici o dorati, i semi di lino sono un

---

[25] Leibbrand, Siefer, Schön, Perrinjaquet-Moccetti, Kompek, Csernich, Bucar, Kreuter, Effects of an Oil-Free Hydroethanolic Pumpkin Seed Extract on Symptom Frequency and Severity in Men with Benign Prostatic Hyperplasia: A Pilot Study in Humans. J Med Food. Giugno 2019.

[26] Medjakovic, Hobiger, Ardjomand-Woelkart, Bucar, Jungbauer, Pumpkin seed extract: Cell growth inhibition of hyperplastic and cancer cells, independent of steroid hormone receptors. Fitoterapia. Aprile 2016.

valido aiuto per la salute dell'intestino, grazie al contenuto di **mucillagini dall'effetto prebiotico e lassativo**: basta lasciarli in ammollo in poca acqua per ottenere la formazione di un gel da filtrare e bere in purezza alla sera o da aggiungere alle bevande del mattino. Il gel di semi di lino, inoltre, protegge la mucosa gastrica dall'aggressione dei succhi digestivi, alleviando bruciore e gastrite.

Grazie all'ottimo apporto di antiossidanti e **omega-3** non dovrebbero mai mancare nella nostra dispensa: assumeteli interi per aiutare il transito intestinale, mentre tritateli o utilizzatene l'olio per assorbire al meglio acidi grassi essenziali e antiossidanti.

Soltanto una raccomandazione: conservateli in un luogo fresco e asciutto, al riparo dalla luce o fonti di calore, e riponete l'olio di lino sempre in frigo, scegliendo prodotti in bottigliette piccole e scure. Proprio a causa dell'alto contenuto di acidi grassi poli-insaturi, l'olio di lino è tra i più delicati e si ossida facilmente se esposto alla luce o al calore: una volta aperta la bottiglietta, consumatela in breve tempo.

## SEMI DI CHIA

La *Salvia hispanica* (da non confondere con la comune salvia europea) è una pianta erbacea originaria del Messico e Sudamerica, le cui proprietà benefiche erano ben note alle popolazioni precolombiane: assieme a mais, amaranto e fagioli, i semi di chia costituivano la base dell'alimentazione azteca. Nonostante i *conquistadores* abbiano portato la chia in Europa già nel Cinquecento e la salvia potesse attecchire facilmente sotto il sole di Spagna, fu presto dimenticata, a favore di altre colture più 'fruibili' e facili da gestire alle nostre latitudini. Tornata in auge secoli più tardi per le sue interessanti proprietà nutrizionali, la sua importazione in UE è stata autorizzata soltanto nel 2009 e la chia che troviamo a scaffale proviene sempre più spesso da circuiti di commercio equo e solidale.

Ricchi di **aminoacidi essenziali**, **antiossidanti** e **sali minerali** (soprattutto magnesio, manganese, fosforo, calcio e zinco), i semi di chia contengono **il doppio del potassio delle banane**, il **triplo del ferro degli spinaci** e ben **7 volte il contenuto di vitamina C delle arance**, comportandosi di diritto come un autentico *superfood*. Ben il 20% del loro peso secco è rappresentato da **omega-3** e l'abbondanza di fibre solubili aiuta a controllare i livelli di glicemia e colesterolo nel sangue.

Anche la chia, come i semi di lino, possiede la capacità di formare **gel** a contatto con l'acqua, proprietà che la rende non solo indicata per la salute dell'intestino, ma anche molto utile in cucina: perfetta per addensare polpettine e burger vegetali, viene utilizzata per gelificare creme e budini oppure, in panificazione, per conferire forza ed elasticità ad impasti con farine deboli o senza glutine. Insomma, i semi di chia sono molto più di un integratore, ma una vera e propria risorsa! E per di più, sono anche buonissimi.

## SEMI DI PAPAVERO

Piccoli, neri e profumatissimi, i semi di papavero sono quella nuvola di sapore che rende irresistibili bagels, crackers e grissini. Ricchi di **calcio**, **manganese**, **fosforo**, **rame** e **selenio**, grazie al buon apporto di **acidi grassi essenziali** e **antiossidanti** proteggono le nostre cellule dallo stress ossidativo, regolano il metabolismo dei lipidi e riducono il rischio di patologie cardiovascolari e osteoporosi. Sebbene il *Papaver nigrum* e *setigerum* da cui si ricava il papavero alimentare non abbiano nulla a che vedere con il papavero bianco di oppiacei e morfina, anche i comuni semi posseggono blande **proprietà sedative e miorilassanti**, le quali, assieme al buon contenuto di **rame**, li rende indicati **in caso di insonnia** e per alleviare **crampi, dolori muscolari e mestruali**. Una ragione in più per aggiungerli alle nostre ricette!

## SEMI DI CANAPA

Attorno alla *Canapa sativa* vi è stato un grandissimo interesse negli ultimi anni e ad oggi la si trova praticamente da dappertutto, in snack, pane, pasta, infusi, persino nei saponi. Sebbene appartenga ad una specie botanica diversa dalla *indica* (dagli effetti stupefacenti e non coltivabile in Italia), la produzione alimentare di canapa è stata autorizzata soltanto nel 2009, con il vincolo di utilizzare sementi con un titolo di **THC** (tetraidrocannabinolo) **inferiore allo 0.2%**: ma quali sono le ragioni del suo successo?

La canapa, in effetti, è tra i semi il più completo dal punto di vista nutrizionale e in virtù del suo contenuto in **proteine** (più del 30% per peso secco), **steroli vegetali** e **lecitine**, può essere considerata, di fatto, quasi una 'via di mezzo' tra legumi e semi.

Uno studio in vivo del 2014, pubblicato sul Journal of American Oil Chemists' Society, ha dimostrato come i semi di canapa, regolando renina e angiotensina, possano influire significativamente sulla pressione sistolica, mentre grazie al perfetto rapporto tra omega-3 e omega-6 contribuiscono a **ridurre il rischio di ictus e infarto**. Lecitine e fibre solubili sono essenziali per abbassare i livelli di colesterolo e trigliceridi nel sangue, prevenendo il rischio di **aterosclerosi**, mentre i fitosteroli, come per le stesse leguminose, influiscono positivamente sull'**equilibrio degli estrogeni** in età fertile e menopausa.

Di grande interesse, inoltre, il ragguardevole contenuto in **proteine** (nel particolare in aminoacidi a catena ramificata), il che ha fatto sì che sempre più **sportivi** e **bodybuilders** attenti ad un'alimentazione più 'salutista' adottassero l'integrazione con proteine isolate della canapa per **migliorare le prestazioni muscolari** e **ridurre i tempi di recupero** e lo stress ossidativo a carico del muscolo.

Ma i semi di canapa come ci sono finiti persino nei saponi? Uno studio[27] del 2015 ha indagato gli effetti di un estratto di canapa nel trattamento delle pelli seborroiche in una coorte di ragazzi (maschi) affetti da **acne**, dimostrando efficacia nella riduzione di irritazione e produzione di sebo.

Grazie gusto dolce e delicato, simile a quello delle nocciole, è davvero semplice inserire i semi di canapa nell'alimentazione di ogni giorno. Utilizzateli per preparare spalmabili dolci e salate, nell'insalata di cereali da portare in ufficio, per lo snack per la palestra e aggiungete una manciata di farina di canapa a biscotti e pasta fresca: conferirà profumo e colore inconfondibili; ricordate invece di consumarli crudi, in purezza o frullati, se volete beneficiare al meglio delle loro proprietà.

L'**olio di canapa**, al contrario dei semi, ha un gusto molto più forte che non piace a tutti: adoperatelo con parsimonia.

## FRUTTA A GUSCIO

Mandorle, noci, noci Pecan, pistacchi e nocciole sono molto più semplici da utilizzare per coloro che sono alle prime armi: appartengono alle nostre tradizioni e ai ricordi di infanzia. Difficile non aver assaggiato una bella fetta di torta caprese e il profumo di croccante alle mandorle, cantucci e castagnelle fa subito festa.

Anche nella cucina vegan la frutta a guscio è alla base di moltissime ricette e arricchisce le nostre preparazioni di gusto e salute: con il vantaggio che nessun onnivoro noterà mai la differenza!

### MANDORLE

Ricche di **proteine**, **vitamina E**, vitamine del gruppo B e sali minerali (**magnesio**, **potassio**, **calcio** e **ferro**), le mandorle sono un **ricostituente naturale**, con-

[27] Ali, Akhtar, The safety and efficacy of 3% Cannabis seeds extract cream for reduction of human cheek skin sebum and erythema content. Pak J Pharm Sci. Luglio 2015.

tribuiscono a mantenere sotto controllo colesterolo e trigliceridi, regolarizzano l'intestino e aiutano a ridurre il rischio di osteoporosi. Grazie al buon apporto di **polifenoli** e acidi grassi essenziali, contribuiscono a ridurre l'infiammazione sistemica e lo stress ossidativo a carico dei tessuti, rallentando i processi di invecchiamento cellulare. L'**olio di mandorla**, dalle **proprietà emollienti e lenitive**, ripristina la giusta idratazione dell'epidermide, migliora il tono della pelle e contribuisce a **ridurre arrossamenti e smagliature**. Un alleato per la salute e per la bellezza!

Sono uno spezza-fame ideale per quando siamo al lavoro o a scuola, forniscono energia, ci mantengono sazi a lungo e apportano sali minerali essenziali **per la salute del sistema nervoso**.

Inserirle nelle nostre ricette è semplicissimo!

'Burro', latte di mandorla, pesti, creme spalmabili dolci e salate spopolano sugli scaffali, ma se le preferiamo in purezza ricordiamo di sceglierle intere, al naturale e non tostate, per beneficiare al meglio (e più a lungo) delle loro proprietà: granelle e farine si ossidano facilmente, prendendo molto anche del loro profumo.

L'olio di mandorla (per uso alimentare e non cosmetico), infine, è sempre più semplice da reperire e grazie al suo gusto neutro e delicato si presta all'utilizzo in ricette sia dolci che salate. Come sempre, non poniamo limiti alla fantasia!

## NOCI

**Potassio, magnesio, calcio, fosforo, ferro, zolfo**, vitamine del gruppo B e tanta, tanta **vitamina E** rendono le noci un potente antiossidante e un **integratore 100% naturale** ideale in tutte le situazioni di **stress mentale e fisico**, grazie anche al prezioso apporto di **arginina**, un aminoacido essenziale coinvolto nella sintesi di:

- ossido nitrico: anti-aggregante e vasodilatatore dell'endotelio vascolare, aumenta l'apporto di sangue ai muscoli (anche il cuore) migliorandone le prestazioni e riduce la pressione arteriosa

- prolina: aminoacido essenziale per la sintesi di collagene e i meccanismi di riparazione dei tessuti

Grazie alla sua funzione gluconeogenetica, l'arginina contribuisce a fornire **sostegno al sistema nervoso anche a digiuno e in condizioni di stress**: meglio una manciata di noci nello zaino dei nostri ragazzi, che una pausa snack alle macchinette!

Utili anche in **età avanzata** e in stati di **convalescenza**, grazie alla presenza di **acido folico**, sono un valido sostegno **in gravidanza** e, riducendo i livelli di omocisteina nel sangue, proteggono la salute dell'apparato cardiovascolare e aiutano a prevenire ictus e infarto. Grazie al buon apporto di inositolo, coinvolto nella trasduzione del segnale insulinico e nel metabolismo del glucosio, le noci sono un valido aiuto nel migliorare il profilo glicemico in pazienti con **diabete di tipo 2** e in caso di **diabete gestazionale** (molti dei farmaci utilizzati comunemente per diabetici non sono, infatti, utilizzabili in gravidanza). Il perfetto equilibrio di **omega-3** e omega-6, infine, rende le noci un alimento fondamentale per la prevenzione, da non farsi mancare mai in dispensa.

Facilmente reperibili e di ottima qualità, la raccolta avviene tra fine settembre e ottobre e vengono essiccate per durare per tutto l'inverno. Dal mallo delle noci fresche e verdi, invece, non ancora mature per il consumo, si prepara il nocino, in occasione della Festa di San Giovanni, a fine giugno.

Sfiziose e versatili, è davvero semplice inserirle nelle nostre ricette, dal dolce al salato. Come sempre, abbiate l'accortezza di acquistarle in guscio e mai sgusciate o in farina, ossidano in fretta: meglio pulirle al momento dell'utilizzo e, per ridurle in farina, macinarle ad intermittenza con un comune robot da cucina, in modo da non scaldarle troppo, conserveranno tutte le loro proprietà, oltre che profumo e freschezza.

## NOCCIOLE

Come per mandorle e noci, l'Italia può vantarne varietà di eccellenza, invidiate e ricercate in tutto il mondo: pensiamo alla tonda gentile del Piemonte, alla dolcezza della Giffoni o alla persistenza aromatica della nocciola romana; meno note, ma egualmente prelibate, la Mortarella e la San Giovanni, le più diffuse nelle campagne campane accanto alla stessa Giffoni (salernitana).

Preziose per la salute del cuore e del sistema nervoso, come le altre varietà di frutta a guscio, spiccano per le applicazioni cosmetiche: l'**olio di nocciole**, dalle **proprietà lenitive**, **emollienti** e **sebo-nomalizzanti**, viene sempre più spesso utilizzato nel trattamento dell'acne e per minimizzare eritemi e irritazioni; un'ottima ragione non utilizzarlo soltanto come condimento!

## PISTACCHIO

Albero da frutto antichissimo, coltivato in Persia sin dall'età preistorica, se ne trovano tracce nella Genesi e, secondo la leggenda, sarebbe figurato nei giardini pensili di Babilonia che Nabucodonosor fece realizzare per la moglie. Prediligendo i climi aridi e caldi, è molto diffuso in tutto il bacino del Mediterraneo e in Sicilia, dove, grazie alle particolari condizioni climatiche e alle peculiari caratteristiche vulcaniche del suolo, ha raggiunto vette di eccellenza. Il pistacchio di Bronte è stato insignito della DOP nel 2009 ed è ad oggi è il più apprezzato al mondo.

Ricchi di vitamine del gruppo B, sali minerali (calcio, fosforo, potassio, ferro, zinco e rame), vitamina E, omega-3 e antiossidanti, i pistacchi aiutano a mantenere sotto controllo trigliceridi e colesterolo e migliorano il tono del microcircolo, proteggendo la salute cardiovascolare. Rafforzano le difese immunitarie, stimolano il metabolismo e mantengono sazi a lungo, grazie al buon apporto di fibre (il doppio delle noci) e grassi, favorendo, nonostante il notevole apporto calorico, il controllo del peso. La vitamina H è essenziale per l'integrità di mucose ed epiteli e aiuta a mantenere la pelle e i capelli in salute. L'olio di pistacchio, le cui proprietà cosmetiche sono ancora poco note in Europa ma molto più conosciute in Medio Oriente, vanta proprietà emollienti e lenitive ed è utile nel prevenire secchezza e invecchiamento cutaneo.

## CASTAGNE

Più ricche di **carboidrati complessi** rispetto alle altre varietà di frutta secca, apportano **vitamine del gruppo B**, **acidi grassi essenziali** e sali minerali (soprattutto **calcio**) che le rendono un **alimento altamente ricostituente**, indicato in caso di inappetenza e defedamento tipici dell'età matura come per la crescita dei più piccoli. Il buon apporto di acidi grassi essenziali e fibre solubili rende le castagne un valido aiuto per mantenere sotto controllo glicemia, colesterolo e trigliceridi nel sangue, anche se la presenza piuttosto abbondante di amidi può costituire un problema in caso di diabete; per minimizzarne l'indice glicemico è utile adottare qualche accortezza in più nella cottura: lasciatele in ammollo almeno per due ore, incidendone la buccia con un coltellino affilato, preferitele bollite che arrosto (sono meno caloriche) e lasciatele raffreddare bene prima del consumo. L'idratazione degli amidi ne migliora la digeribilità e il successivo raffreddamento, aumentando la quota di **amido resistente,** aiuta a contenerne impatto glicemico e apporto calorico.

La **farina di castagne** può essere utilizzata per 'alleggerire' la semola grezza per la pasta fresca, o ancora nella preparazione di crespelle dolci e salate o per un buon castagnaccio.

Il tocco in più? Aggiungete qualche castagna alla zuppa di borlotti o cicerchie, ad una crema di funghi bella profumata o alla vellutata di cipollotti: conferiranno gusto e cremosità irresistibili!

## CARRUBE

Come le castagne, anche le carrube sono un alimento piuttosto calorico, fonte di **grassi 'buoni'**, **vitamine**, **sali minerali** e **carboidrati complessi**, con il vantaggio di possedere un **bassissimo indice glicemico**, pari a 15 (equivalente, per intendersi, a zucchine, spinaci, cetriolo e ravanello).

Alimento quasi dimenticato, utilizzato più per l'alimentazione animale che per quella umana, è una pianta spontanea pressoché ubiquitaria nel bacino del Mediterraneo, appartenente alla famiglia delle Fabaceae e pertanto a tutti gli effetti, nonostante le particolari caratteristiche nutrizionali, **un legume**.

Dal baccello si ottengono sia lo **sciroppo di carrube** (un dolcificante molto aromatico, simile alla melassa o al miele di castagno), utilizzato dalla pasticceria tradizionale del Medio Oriente tanto da quella naturale, e la **farina di polpa di carrube**, utilizzata in pasticceria come alternativa al cacao amaro. Dai semi, chiamati *carati* (tutti dello stesso peso e dimensione e per tale ragione utilizzati sin dal Medioevo per pesare i metalli preziosi, da cui il nome), si ottiene un addensante (**E 410**) molto utilizzato nell'industria alimentare e nella gelateria.

Le **fibre solubili** aiutano a mantenere sotto controllo **colesterolo** e **glicemia**, mentre le **fibre insolubili** sono un valido aiuto in caso di **stipsi**; la polpa di carrube, infatti, richiamando liquidi dalle pareti dell'intestino, forma un gel dalle proprietà prebiotiche che favorisce l'equilibrio della flora batterica e facilita il transito intestinale. Ricche di **ferro**, **calcio**, **potassio** e **magnesio**, aiutano l'organismo a recuperare sali minerali preziosi dopo lo sforzo fisico, mentre **polifenoli**, rame, zinco e selenio aiutano a rinforzare le difese immunitarie e proteggono i tessuti dallo stress ossidativo.

Diffusissime in Puglia, le carrube mi riportano ai ricordi di bambina, ai sapori di una volta e alle sagre di paese. Da ragazzina me le portavo spesso nello zaino, perché al liceo e durante i primi anni di università rimanevo in biblioteca e non era mai dato sapere quando riuscissi a tornare a casa.

Oggi utilizzo spesso la farina di carrube al posto del cacao, cui la preferisco per il gusto ricco e aromatico. Ottima anche nel latte caldo, a colazione, riesce a rendere speciale qualsiasi dolcetto!

## NOCE DI COCCO

Frutto dalle mille virtù, tipico dei paesi tropicali, oggi sempre più spesso arriva in

Europa da contesti di commercio equo e solidale, rappresentando una vera e propria risorsa per le popolazioni dei Paesi di origine. Del cocco, infatti, si utilizza tutto: la polpa, da cui si ricavano cocco rapè, farina e latte; l'**acqua di cocco**, leggera e dissetante, ricca di sali minerali e aminoacidi di facile assorbimento, una vera e propria bevanda isotonica adatta al recupero dopo prestazioni sportive, oltre che buon antisettico delle vie urinarie; l'**olio di cocco**, un grasso utilizzato in cucina quanto in cosmetica, e lo **zucchero di fiori di cocco**, un dolcificante granulare completamente naturale, simile per sapore e utilizzo allo zucchero integrale di canna ma con un **indice glicemico molto basso** (35, pari ad una carota cruda). Dal mesocarpo si ricava anche la **fibra di cocco**, un tessuto particolarmente resistente e inattaccabile da muffe utilizzato in giardinaggio, edilizia e persino nella più moderna moda eco-sostenibile.

Non dobbiamo dimenticare, naturalmente, che semi e frutta a guscio sono un alimento piuttosto calorico, da introdurre con grande moderazione nella dieta di ogni giorno, e che nessun cibo, per quanto speciale possa essere, può da solo contenere gli effetti di cattive abitudini ben radicate e di una nutrizione priva di criterio: smettiamo di passare ore e ora alla ricerca dell'ultimo miracoloso *superfood*, se non ci prendiamo la briga neanche di usare le scale.

## LE MARGARINE

*'Sono intollerante al lattosio, con cosa posso sostituire il burro?*
Ovviamente con la margarina!'
Nulla di più frequente, al banco freddo del supermercato. Senza sapere, tuttavia, che il prodotto che andiamo ad acquistare è spesso molto più insalubre del burro stesso.
Gli oli vegetali, per loro natura, sono liquidi a temperatura ambiente, fatta eccezione per olio di cocco, burro di cacao, olio di palma bifrazionato e palmisto. È proprio l'abbondanza di acidi grassi mono- e poli-insaturi (i nostri preziosi 'grassi buoni') a determinarne la natura fisica: molecole piuttosto rigide, con una testa idrofila e una lunga coda idrofobica di atomi di carbonio, i cui punti di rigidità, come per una catenina, sono i doppi legami C=C.
Le molecole faticano ad impacchettarsi serrate tra loro e ne risulta un aspetto liquido a temperatura ambiente; ponendoli in frigo l'agitazione tra le molecole diminuisce e anche gli oli acquisiscono di consistenza, in modo più o meno omogeneo (mai capitato di dimenticare un vasetto di

sott'olio in fondo al frigorifero?)

Gli acidi grassi saturi del burro o dello strutto, al contrario, con i loro legami singoli C-C, sono molecole molto più mobili e 'duttili', si serrano strettamente tra loro determinando la caratteristica struttura solida.

Un olio 'liquido', tuttavia, va benissimo per cuocere e condire, ma tende a 'bagnare' la farina, penalizzando notevolmente la fragranza e la conservabilità di frolle, brioche e prodotti da forno.

Come ovviare al problema?

L'industria alimentare adotta l'**idrogenazione**: le tecniche produttive possono differire, ma in generale gli acidi grassi poli-insaturi, con l'utilizzo di un catalizzatore di reazione (nichel, rame, o platino) vengono sottoposti ad elevate temperature (con buona pace della salubrità degli oli di partenza) e i doppi legami C=C insaturati, ovvero addizionati di idrogeno per 'assomigliare' ai grassi saturi di origine animale.

E ci riescono benissimo: i doppi legami diventano singoli C-C, gli oli sono solidi a temperatura ambiente e 'burrosamente' spalmabili. Il colore è sgradevolmente biancastro, ma basta aggiungere un tocco di **E110** (Giallo Arancio S, un colorante sintetico derivato dal petrolio[28]) ed ecco che la margarina assomiglia a un bel panetto giallo di burro di montagna. La struttura molecolare, però, non rimane la stessa, cambia l'*isomeria*: da *cis a trans*. Le due molecole avranno dunque stessa formula chimica ma diversa disposizione degli atomi di idrogeno rispetto al legame: quello che a noi sembra un'inezia, per il nostro corpo è un cambiamento molto rilevante, che influisce sul riconoscimento di una molecola, di fatto, percepita come 'nuova' e sulle vie metaboliche nelle quali questa è coinvolta.

Numerosi studi clinici hanno dimostrato, negli ultimi anni, come il consumo di grassi trans diminuisca il colesterolo HDL a favore delle lipoproteine a bassa densità

[28] Derivato dalla sulfonazione del Sudan I, agente potenzialmente cancerogeno che rimane in sedimento nel colorante, l'E110 può provocare reazioni allergiche in soggetti asmatici e sensibili all'aspirina, oltre essere causa di disturbi gastrici, vomito, eruzioni cutanee, iperattività e insonnia. Per la sicurezza alimentare nel 2009 si è regolamentata la dose giornaliera consentita per il Giallo Arancio (2,5 mg/ kg di massa corporea), poi estesa dall'EFSA a 4mg. Nello stesso anno un'altra normativa ha reso obbligatoria in etichetta la dicitura: "può avere effetti negativi sull'attività e l'attenzione dei bambini". Il 30 giugno 2010 il Center for Science in the Public Interest ha chiesto alla Food and Drugs Administration di vietare l'uso dell'E110 poiché "i componenti sintetici non creano maggior qualità nutrizionale e sicurezza dei cibi, ma anzi provocano nei bambini iperattività e scarsa attenzione."

(LDL), aumentando l'incidenza di sovrappeso, steatosi epatica, sindrome metabolica e morte per malattie cardiovascolari (fino al 28% secondo uno studio canadese pubblicato sul British Medical Journal); i grassi idrogenati sono genotossici, possono causare alterazioni della crescita del feto, aumentano i mediatori dell'infiammazione (soprattutto l'interleuchina-6) aggravando lo stato di infiammazione sistemica all'origine di molte patologie cardiovascolari, tumorali e dell'immunità e, non in ultimo, aumentano la permeabilità delle membrane cellulari, alterando irrimediabilmente il comportamento delle nostre cellule. Negli anni l'FSA ha progressivamente ridotto i limiti di assunzione di grassi trans e il nuovo Regolamento (UE) n. 2019/649, "*che modifica l'allegato III del regolamento (CE) n. 1925/2006 del Parlamento europeo e del Consiglio per quanto riguarda gli acidi grassi trans diversi dagli acidi grassi trans naturalmente presenti nei grassi di origine animale*", fissa il valore soglia di grassi trans artificiali al 2% della massa grassa totale di un alimento (2 g su 100 g di grassi totali), estendendo il termine massimo per l'adeguamento dei sistemi di produzione ad aprile del 2021.

E le margarine non idrogenate? Quasi sempre contengono olio di palma e palmisto che, solidi a temperatura ambiente, non necessitano di idrogenazione ma portano con sé il loro bel contenuto di acidi grassi saturi (50% per quello di palma, fino all'80% per il palmisto) oltre che le conseguenze ambientali drammatiche della coltivazione intensiva di palma da cocco in Borneo e Sumatra.

Il problema più subdolo dei grassi idrogenati è che sono dappertutto: creme, dolci da forno, prodotti liofilizzati come zuppe espresse e risotti, brodo granulare, cotolette, patatine fritte in busta o surgelate, latti formula, semilavorati per l'industria dolciaria e gelati. Se pensiamo che gran parte di questi prodotti sono, di fatto, destinati all'infanzia (e che i bambini non sono grandi e grossi come noi) è facile capire come i bambini di oggi facciano presto a 'saturarsi', è il caso di dire, di grassi pericolosi per la salute. E i risultati non tardano ad arrivare.

I nuovi dati OMS presentati al Congresso europeo sull'obesità a Glasgow, nel 2019, sulla *Prevalenza dell'obesità grave tra i bambini delle scuole primarie in 21 paesi europei*, ha evidenziato come siano 400.000 i bambini di età compresa tra 6 e 9 anni colpiti da obesità grave, sui circa 13,7 milioni dei Paesi partecipanti allo studio. In Italia nella fascia d'età 8-9 anni, ⅓ dei bambini è obeso o in sovrappeso e l'**obesità pediatrica** è cresciuta di tre volte rispetto al

1975. Principali indiziati *junk food*, bibite zuccherate e sedentarietà, ma anche una scarsa percezione del sovrappeso dei propri figli da parte dei loro genitori: i dati del sistema di sorveglianza OKkio alla Salute rivelano come il 37% delle madri di bambini in sovrappeso o obesi ritenga che il proprio figlio sia sotto- o normopeso, e solo il 38% pensi che effettivamente il proprio figlio non svolga abbastanza attività motoria. È evidente, dunque, come la sensibilizzazione delle famiglie da parte dei pediatri e il ruolo delle mense scolastiche siano fondamentali.

Quello che possiamo fare ogni giorno è come sempre, anche per i più piccoli di casa, leggere le etichette con attenzione e, perché no, riscoprire tutto il bello (e il buono) delle merende fatte in casa, magari facendoci aiutare proprio da loro!

## LE ALGHE

Ovvero nulla di quanto meno esotico possiate immaginare.

Con i nostri quasi 7.500 km di costa, le alghe fanno parte da sempre della tradizione culinaria italiana: la più povera, quella dei popoli di mare e dei pescatori, delle donne senza marito e delle nostre vecchie massaie, sempre alle prese con troppe bocche da sfamare.

A volte in accompagnamento al pesce azzurro, molto più spesso come unico alimento da portare in tavola: pensiamo alle zeppolelle di mare campane, al mauru siciliano (una semplicissima insalata di alghe rosse condita con olio e limone, ancora diffusa tra Catania e Acireale), all'insalata di fagiolini di mare salentina e al gusto *umami* (sì, possiamo dirlo anche noi) dei crostini con finocchio marino e salicornia sottaceto.

Ricette che parlano del tempo che fu, storie di famiglie umili, di povertà di risorse e di stato di necessità, che sono il segno della nostra innata capacità di reinventarci, la stessa che forse oggi abbiamo un po' dimenticato ma che un tempo ci permetteva di portare in tavola qualcosa di semplice, che non costasse nulla, ma che fosse straordinariamente buono.

Non solo l'Italia, ma anche Scozia, Islanda, Canada, Norvegia e Portogallo (oltre le più ovvie Cina, Thailandia, Indonesia e Giappone) possono vantare una tradizione millenaria di utilizzo delle alghe, anche se in Europa, purtroppo, il loro consumo è tornato in auge solo in tempi molto più recenti.

Ad oggi è possibile reperirle in forma essiccata (talune anche semplicemente surgelate) nei negozi biologici, nelle erboristerie più fornite e, da qualche anno, nella grande distribuzione. Alcune pescherie, su richiesta, riescono a procurare alghe rosse locali, lattuga di mare e salicornia fresche

quando è stagione (tra fine maggio e luglio), soprattutto nelle regioni di origine in cui le antiche ricette si cucinano ancora. Naturalmente è fondamentale essere sicuri della provenienza e della tracciabilità: le alghe sono un filtro, vivono sfruttando la poca luce che riescono a captare sott'acqua e si arricchiscono di tutto ciò che il mare può offrire, spesso anche ciò che di cattivo deriva dalle attività umane.

## LE PROPRIETÀ NUTRIZIONALI

Perché è così importante imparare a conoscerle (e tornare ad utilizzarle in cucina)?
Per scoprirlo dobbiamo tornare alle origini del mondo e della storia dell'Uomo. Le alghe più antiche (cianobatteri), infatti, sono comparse ben 1,7 miliardi di anni fa, differenziandosi a partire dalle più semplici e unicellulari a quelle pluricellulari e colonizzando non soltanto mari e specchi d'acqua ma anche la terraferma, dando origine, in centinaia di migliaia di anni, all'intero regno vegetale.
Sono organismi *autotrofi*; grazie alla fotosintesi riescono ad utilizzare le radiazioni solari per il loro sostentamento, oltre a produrre l'ossigeno che ha permesso la vita sotto il livello del mare e sulle terre emerse. In poche parole, è grazie alle prime alghe che noi siamo qui e che il nostro pianeta è proprio come lo vediamo oggi. Nel tempo hanno imparato ad adattarsi a qualsiasi habitat naturale, colonizzando ambienti umidi, tronchi d'albero e adattandosi a vivere persino all'interno di altri organismi viventi come spugne, idre e protozoi, o in simbiosi con alcuni funghi (licheni), imparando a sfruttare la prima forma di energia ubiquitaria sul pianeta: la luce.

Grazie ai loro pigmenti, complementari alle radiazioni che riescono ad assorbire, le alghe sono riuscite ad utilizzare al meglio la luce che penetra sotto il livello del mare, persino la più flebile delle acque profonde: a pelo d'acqua troveremo il fitoplancton, alimento base per molte specie della fauna marina, tra cui le balene; fino a 20 metri di profondità le alghe verdi e azzurre, come la lattuga di mare e la spirulina, che assorbono nello spettro rosso-arancio; oltre i 25 metri le alghe brune e infine le rosse, le uniche capaci di assorbire le radiazioni azzurre e violette che riescono a spingersi fino a 150-200 metri di profondità. È proprio questo a renderle così speciali anche per la nostra alimentazione: ricchissime di **clorofilla** (un anti-anemico per eccellenza) e altri pigmenti come **antociani** e **carotenoidi**, le alghe sono un potente ali-

mento antiossidante e depurativo, proteggono i nostri tessuti dai danni dello stress ossidativo, aiutando a prevenire malattie neurodegenerative, invecchiamento della pelle e cancro.
Ricche di **proteine**, **aminoacidi essenziali**, **vitamina C**, **vitamine del gruppo B** (tranne la B12, presente ma non biodisponibile), **vitamina K** (anti-aggregante delle piastrine) e **omega-3**, sono non soltanto un integratore utile nell'alimentazione dello sportivo o in caso di stanchezza, inappetenza e astenia tipiche dell'età matura (e di alcune patologie), ma svolgono una spiccata attività anti-infiammatoria e aiutano a mantenere sotto controllo trigliceridi e glicemia, proteggendo la salute del cuore e del fegato e prevenendo il rischio di aterosclerosi, sindrome metabolica e diabete di tipo 2 .
Grazie al buon apporto di sali minerali (calcio, ferro, magnesio, potassio, zinco e selenio, in proporzioni variabili a seconda della tipologia) e **vitamina D**, proteggono la salute delle nostre ossa prevenendo il rischio di osteoporosi, ma per l'alto contenuto di **iodio** se ne sconsiglia il consumo in caso di patologie a carico della tiroide, a causa possibili interazioni farmacologiche. Per la presenza stessa di iodio, oltre che di **mucillagini** che aumentano il senso di sazietà, vengono utilizzate (in associazione ad un'alimentazione ipocalorica e a una sana attività sportiva) per favorire la perdita di peso. L'**acido glutammico** e l'intensa sapidità ci aiutano, infine, a contenere la quantità di sale che utilizziamo nelle nostre ricette, ragione in più per introdurle nella cucina di ogni giorno.

## LE VARIETÀ: AD OGNUNA I SUOI BENEFICI

### WAKAME

Tra le più conosciute e apprezzate in Occidente, grazie al gusto dolce e la consistenza piacevolmente croccante, la Wakame è un'alga bruna originaria del Giappone, oggi coltivata anche in Europa, lungo le coste bretoni. Le alghe più pregiate si distinguono per la spessa nervatura centrale, che, piuttosto coriacea, può essere eliminata dopo la cottura. Ricca di calcio, rafforza le nostre ossa prevenendo il rischio di osteoporosi. Semplice da aggiungere alle nostre insalate, è perfetta, finemente tritata, per conferire una salinità 'di mare' a secondi vegetali e primi piatti.

---

J Chai Siah Ku, Yue Yang, Youngki Park, and Jiyoung Lee, *Health Benefits of Blue-Green Algae: Prevention of Cardiovascular Disease and Nonalcoholic Fatty Liver Disease.* Department of Nutritional Sciences, University of Connecticut, Storrs, Connecticut, USA; Med Food. Febbraio 2013; 16(2): 103–111.

## HIJIKI

Dall'aspetto simile a fettuccine molto sottili, la Hijiki è un'alga bruna dal colore scuro, quasi nero, e dal gusto particolarmente intenso. Utilizzate tradizionalmente dalle donne giapponesi per rafforzare unghie e capelli, grazie al buon apporto di aminoacidi solforati, le Hijiki spiccano per l'abbondante contenuto di calcio (ben 1400 mg per 100g di parte edibile) e potassio, proteggono la salute delle ossa e contribuiscono a mantenere sotto controllo la pressione sanguigna.

## ARAME

Simile per aspetto alle Hijiki ma molto più dolce e delicata grazie alla presenza di mannitolo (uno zucchero acalorico, utilizzato per favorire diuresi e peristalsi intestinale), sono particolarmente ricche di potassio, regolano la pressione arteriosa e sono utili nell'alleviare crampi muscolari e per recuperare i sali minerali persi con l'esercizio fisico e in estate.

## DULSE

Alga rossa tipica delle coste nordiche, scozzesi e irlandesi (i guerrieri celti le masticavano per mantenersi in forza e salute durante le lunghe traversate e i monaci di San Colomba le raccoglievano già 1400 anni fa), ma diffusa anche nel Pacifico. È la più ricca di ferro e grazie anche all'apporto di vitamina C, vitamina A, zinco e antociani, è ideale prima dell'inverno per preparare l'organismo ai malanni di stagione. Grazie all'ottimo apporto di lisina, rafforza le difese immunitarie e alcuni studi ne dimostrano l'efficacia nella prevenzione delle recrudescenze da *Herpes simplex*.

Dal gusto intenso e piccante, è perfetta per dare una decisa sferzata di energia ai nostri piatti.

## KOMBU

Vedi pag. 38

## NORI

La più conosciuta in Occidente, è quel delizioso involucro verde scuro che avvolge rolls e temaki. Originaria del Giappone ma diffusa anche sulle coste dell'Atlantico e del Sudamerica, si ottiene da varie specie del genere *Porphyra*: dopo la raccolta le alghe vengono lavate, tritate finemente, disposte a strati su delle apposite stuoie e lasciate asciugare al sole, per ottenere i fogli sottili che siamo abituati a trovare in commercio, oppure tostata e ridotta in fiocchi (*Ao-Nori*). Particolarmente ricca di proteine (dal 25 al 40 % del peso secco), ferro e vitamina C (circa una volta e mezza quella delle arance), ma povera di grassi e carboidrati, grazie alla minore quantità di sodio e al gusto dolce, non troppo invadente, è apprezzata anche dai più tradizionalisti. Aggiungetela in polvere come insaporitore nelle vostre ricette e per un aperitivo sfizioso provate a realizzare dei graziosi rolls di verdure, magari accompagnandoli alla *tamari* come da tradizione o ad una salsa alle erbe tutte nostrana: i commensali rimarranno a bocca aperta!

**AGAR AGAR**

Apprezzata dalla cucina macrobiotica come dalla pasticceria tradizionale, l'Agar Agar è un gelificante ottenuto dalla lavorazione di diverse specie di alga rossa, ricche di alginati e mucillagini che, oltre a rendere ragione delle proprietà addensanti (per aspic, budini e confetture), proteggono la mucosa gastrica, regolano l'assorbimento degli zuccheri e facilitano il transito intestinale. Reperibile perlopiù in polvere, più raramente in fogli o fiocchi, grazie al gusto neutro e delicato si adatta a ricette sia dolci che salate.

**SPIRULINA**

Tra le alghe più utilizzate in forma di integratore ed estratto secco, la spirulina è un cianobatterio spiraliforme di circa mezzo millimetro, che predilige le acque tiepide e alcaline delle regioni tropicali e subtropicali. Le sue proprietà sono note fin dall'antichità: cibo degli schiavi e gladiatori africani nell'Antica Roma, Cortes ne documenta l'utilizzo anche presso le popolazioni precolombiane; ancora oggi la Spirulina è diffusa nelle antiche terre degli Aztechi, presso il Lago Ciad e nei laghi dell'altopiano messicano.
Grazie al notevole contenuto in **clorofilla** e altri pigmenti (**policianina** e **carotenoidi**) che rendono ragione del suo colore verde intenso, e di **ferro**, la Spirulina è un anti-anemico per eccellenza, raccomandata in condizioni di affaticamento e astenia, oltre che un potente antiossidante. È **l'alga più ricca di proteine** (57% del peso secco), completa di tutti gli aminoacidi essenziali, e grazie all'ottimo apporto di **sali minerali** (magnesio, rame, manganese) e **vitamine del gruppo B** viene spesso raccomandata agli sportivi non solo come sostegno salinico e aminoacidico, ma come valido aiuto nel migliorare le prestazioni muscolari, prevenire lo stress ossidativo e velocizzare i tempi di recupero. L'apporto di fibre, così come l'abbondanza di proteine (per effetto sulla secrezione di CCK - colecistochinina-, ormone fondamentale nella regolazione della secrezione degli enzimi digestivi e con un ruolo centrale nell'induzione del senso di sazietà), hanno fatto sì che la Spirulina venisse spesso introdotta in regimi di controllo del peso corporeo[30]. Fibre solubili, omega-3, sali minerali e i suoi pigmenti (soprattutto ficocianina, zeaxantina, pro-vitamina A e Xantofille) svolgono un ruolo sinergico nella diminuzione del

rischio cardiovascolare[31]: le fibre e i grassi poli-insaturi aiutano a ridurre colesterolo e glicemia, il potassio contribuisce a regolare la pressione sanguigna, i pigmenti proteggono la salute del microcircolo, prevenendo il rischio di aterosclerosi. Un bellissimo studio[32] randomizzato del Dipartimento di Medicina Interna, Disordini metabolici e Ipertensione dell'Università di Poznan, in Polonia, pubblicato nel 2016 sull' European review for medical and pharmacological sciences, condotto in doppio cieco su una popolazione di ipertesi in sovrappeso (ma privi di evidenze di malattie cardiovascolari), ha valutato gli effetti della somministrazione di spirulina (controllo con placebo) monitorando i parametri di IBM (indice di massa corporea), pressione sanguigna e rigidità endoteliale. Dopo tre mesi di somministrazione i pazienti mostravano una sensibile riduzione del peso e dell'indice di massa corporea, oltre che miglioramenti nel profilo pressorio ed endoteliale. I valori non erano invece cambiati nella popolazione in controllo con placebo. I risultati della ricerca di Poznan dimostrano quanto ancora possiamo scoprire su vecchi e nuovi *superfood* e aprono nuove frontiere nel trattamento delle più comuni patologie della 'società del benessere'.

Oggi è davvero semplice trovare integratori a base di spirulina, in forma di tavolette, bastoncini o in polvere, e sempre più spesso entra di diritto nella cucina dei grandi chef, in virtù del suo colore blu-verde intenso e brillante, capace di dare nuova vita a pane, pasta e piccola pasticceria. Quel che forse è più difficile è, con l'aumento dell'offerta, scegliere prodotti di qualità e di sicura tracciabilità, onde non incorrere in truffe soprattutto quando di mezzo c'è la nostra salute. Anche l'Italia ha scelto di affacciarsi al

[30] Haohai Huang, Dan Liao, Rong Pu and Yejia Cui, *Quantifying the effects of spirulina supplementation on plasma lipid and glucose concentrations, body weight, and blood pressure*, Diabetes Metab Syndr Obes. 2018; 11: 729–742.

[31] Ruitang Deng and Te-Jin, *Hypolipidemic, Antioxidant and Antiinflammatory Activities of Microalgae Spirulina*, Chow Department of Biomedical and Pharmaceutical Sciences, College of Pharmacy, University of Rhode Island, Kingston, RI 02881, USA; Department of Biotechnology, Fooyin University, Kaohsiung, Taiwan. Cardiovasc Ther. Agosto 2010; 28(4): e33–e45.

[32] Miczke, Szulińska M, Hansdorfer-Korzon R, Kręgielska-Narożna M, Suliburska J, Walkowiak J, Bogdański P., *Effects of spirulina consumption on body weight, blood pressure, and endothelial function in overweight hypertensive Caucasians: a double-blind, placebo-controlled, randomized trial.* Department of Internal Diseases, Metabolic Disorders and Hypertension, University of Medical Sciences, Poznan, Poland. Eur Rev Med Pharmacol Sci. 2016;20(1):150-6.

mercato della Spirulina, con coltivazioni a Parma, Cremona, in Campania, Puglia e Sicilia in continua crescita.
Altamente nutriente, biologica e sostenibile, la spirulina necessita soltanto di luce solare per sopravvivere, non impoverisce l'ambiente in cui si riproduce (al contrario, arricchisce di ossigeno gli specchi d'acqua sottraendo anidride carbonica all'atmosfera) e utilizza meno acqua di quanto si pensi: 1/3 dell'acqua necessaria per la coltivazione della soia, 1/6 del grano e soltanto 1/50 delle risorse idriche necessarie per la produzione di carne bovina. Dati non da poco, considerando la densità proteica e l'abbondanza di micronutrienti e oligoelementi di un alimento così semplice e facile da riprodurre, nell'ottica di un doveroso ripensamento della gestione delle risorse per il futuro del nostro pianeta.

## LATTUGA DI MARE

Molto diffusa nel bacino del Mediterraneo e nei mari freddi e temperati, la lattuga di mare è un'alga di colore verde brillante alta fino a 30 cm, con foglie lamellari tenere e succulente. La raccolta avviene in primavera e autunno. Ricca di **vitamina C**, **calcio** (30 volte superiore al latte vaccino), **magnesio** e **ferro** (ben 12 volte quello delle lenticchie), è un alimento nutriente ed economico, con il vantaggio di avere un sapore più 'fruibile', vicino alla nostra tradizione culinaria.
Semplice da utilizzare nelle nostre ricette, la lattuga di mare può essere acquistata fresca o surgelata e va lavata accuratamente prima della cottura e del consumo. Grazie alla consistenza croccante e al gusto appena piccante, simile all'acetosella, è perfetta da aggiungere alle insalate, affettata finemente, oppure nella preparazione di primi piatti, crocchette e polpettine veg. Ideale, naturalmente, da tuffare in una ricca pasta cresciuta per godersi ogni tanto un buon cuoppo di zeppolelle di mare: fritto, sì, ma con criterio (e moderazione!).

## FAGIOLINI DI MARE

Chiamati anche spaghetti di mare (*Himanthalia Elongata*), sono un'alga marrone tipica dell'Atlantico e dei Mari del Nord, diffusa nei paesi nordici, Portogallo e coste della Galizia, dove la raccolta avviene da marzo a luglio per essere consumata fresca oppure essiccata e commercializzata. Di forma allungata, simile ad un fagiolino di terra (da cui il nome), può raggiungere fino a 4 metri di lunghezza; ricca di **vitamina C** (5 volte il contenuto delle arance), **ferro** e **antociani**, sono un alimento antiossidante e ricostituente, particolarmente gustoso e facile da reperire nei negozi specializzati quanto, sempre più spesso, nella grande distribuzione.

## LE 'QUASI' ALGHE: SALICORNIA E FINOCCHIO MARINO

Con Salicornia e Finocchio marino ci sono cresciuta. Ogni anno, da ragazzina, trascorrevamo le vacanze estive in Salento, a Nardò, da amici di famiglia. La mia estate salentina non era quella cui siamo abituati a pensare (fatta di movida, locali notturni e taranta), ma qualcosa di molto più semplice, frugale e puro: la meraviglia di un gruppetto di case di campagna a strapiombo sul mare, l'acqua profonda, la più limpida che potessi immaginare, che ti inganna svelandoti il fondale e ti inghiottisce nel blu delle sue correnti fredde, imprevedibili. Lì ho imparato a nuotare. Lì ho imparato quanta ricchezza si nasconda nella terra rossa arroventata dal sole e in una scogliera che sembra sterile e nuda.
Salicornia e finocchio marino sono diffusissime all'inizio dell'estate: si insinuano tra le rocce, come i capperi nei muretti a secco, imparando a bere con le radici l'acqua salmastra che penetra nella pietra. Resistenti all'ambiente ostile e alla forte concentrazione salina, è proprio da queste che ricavano le loro virtù e il loro sapore.

### SALICORNIA

La salicornia è una pianta grassa appartenente al genere delle *Amaranthaceae*, dalla forma tipicamente ramificata, carnosa e succulenta, simile agli asparagi (viene comunemente conosciuta anche come *asparago di mare*). Pur essendo, di fatto, una verdura, si distingue per il notevole apporto di proteine (13 g per 100g di parte edibile, paragonabile, per intendersi, ad hamburger e uova intere e superiore a calamaro, polpo e molluschi, con il vantaggio di essere totalmente priva di colesterolo e grassi saturi), a fronte, tuttavia, di un apporto calorico piuttosto contenuto (65 kcal/100g). Ricca di omega-3, pro-vitamina A e sali minerali (potassio, magnesio, zolfo, calcio, fosforo, ferro, zinco, manganese, rame) è un alimento fortemente antiossidante e ricostituente, rafforza le nostre difese immunitarie, previene l'invecchiamento cellulare e protegge la salute del cuore e del nostro sistema nervoso. Per il suo contenuto di sodio e iodio, tuttavia, va consumata con moderazione in caso di patologie a carico della tiroide e ipertensione.
Carnosa, saporita, con quel gusto intenso tra l'asparago selvatico, il fagiolino pinto e i cucunci di cappero, sapete immaginare una delizia simile? La salicornia è stupenda fresca di raccolta, sbollentata e privata dell'anima legnosa interna, gustata al naturale, con succo di limone e un buon

olio extravergine a crudo, o ripassata in padella con aglietto fresco e peperoncino: un contorno semplice e gustoso, se poi si aggiunge qualche datterino fresco e dei buoni troccoli di grano duro...è l'apoteosi del gusto!

## FINOCCHIO MARINO

Il *Crithmum maritimum* è un'ombrellifera (come carote, finocchio e prezzemolo) molto diffusa sulle coste del Mar Mediterraneo, America settentrionale e Asia centro-occidentale. Semplice da reperire tutto l'anno un po' ovunque in Italia, sui moli e lungo le scogliere, le sue foglie si sono adattate all'ambiente salmastro assumendo una caratteristica conformazione globosa e lanceolata (essenziale per minimizzare la dispersione di acqua), che l'avvicina moltissimo all'aspetto di una pianta succulenta. Conosciuta anche come *Paccasassi* o *Erba di San Pietro* (protettore dei pescatori), era un alimento ben noto ai marinai, consumato abitualmente contro lo scorbuto per il suo notevole contenuto di vitamina C. Come altre Ombrellifere utilizzate a scopo officinale, il Finocchio marino possiede spiccate proprietà digestive e carminative, stimola l'appetito, aiuta a depurare il fegato ed è utile in caso di gonfiore, meteorismo e aerofagia. Dal gusto intenso e aromatico, simile all'aneto e finocchietto selvatico, è perfetto per un pesto, per dare vivacità a legumi e verdure o sott'olio, con qualche pomodorino fresco o delle zucchine novelle, su una buona fetta di pane bruscato.

# PICCOLO PRONTUARIO PER LA DISPENSA PERFETTA

Siamo arrivati al termine di questo viaggio alla scoperta del cibo, da quello che appartiene alla nostra cultura (ma che spesso non conosciamo così bene) a tutto il buono di tradizioni lontane, nel tempo e nello spazio. Oggi è più facile ripensare la nostra dispensa, in modo da non farci mancare nulla di prezioso per la nostra salute ma talmente buono da entrare di diritto nella cucina di ogni giorno. Come destreggiarsi, però, in così tanta scelta? Ecco allora un piccolo prontuario, da appendere al frigo e consultare tutte le volte che ne abbiamo bisogno, per controllare cosa comprare e, perché no, attingere sempre a qualche nuova idea da portare in tavola!

## CEREALI & co

• **Pasta**: integrale, di farro, di semola di grano duro, corta, lunga, fresca o secca, l'importante è leggere l'etichetta! Spendiamo qualche centesimo in più, ma optiamo per prodotti certificati e di qualità, confezionati con grani di sicura tracciabilità: mangiamo meno, mangiamo meglio.

• **Cereali in chicchi**: farro, orzo, grano saraceno, miglio bianco o bruno, amaranto, quinoa bianca, nera o rossa, e ancora teff, segale, avena, triticale, kamut, sorgo e il nostro buon grano, intero o in forma di cous cous o bulgur; integrali, decorticati o perlati a seconda delle esigenze. Il consiglio è prepararne sempre un po' di più, per organizzare più velocemente i pasti della settimana. Perfetti per insalate, zuppe e primi piatti, ma anche qualche sfizieria da aperitivo o dei secondi veg.

• **Riso**: facile dire riso! In commercio c'è l'imbarazzo della scelta: integrale, venere, rosso selvatico, wild rice e parboiled per le insalate; Roma e Originario per gli sformati, mentre carnaroli, vialone nano, arborio, Rosa Marchetti per un risotto;

del sushi rice per una seducente cenetta Japan style, o ancora Basmati, Thai Bonnet e Jasmin per ricette di ispirazione orientale. Ad ogni riso la sua destinazione, l'unica raccomandazione è: cercarne più possibile!

## LEGUMI & PROTEINE VEGETALI

- **Legumi secchi**: ceci (bianchi, neri, rossi), fave secche, cicerchie, fagioli bianchi (cannellini, tondini, fagioli dall'occhio, fagioli bianchi di Spagna), fagioli borlotti, fagioli rossi azuki, fagioli neri, fagioli mung, soia gialla, lenticchie (rosse-intere o decorticate-, nere Beluga, gialle, verdi di Puy, lenticchia gigante di Altamura, lenticchia di Castelluccio), roveja. I legumi secchi richiedono specifiche cure nell'ammollo e nella cottura, pertanto è sempre meglio prepararne in quantità maggiore al necessario e conservarle in frigo, freezer o in dispensa (previa pastorizzazione) per successivi utilizzi.

- **Legumi in conserva**: economici, versatili e di semplice utilizzo, sono senza dubbio una grande comodità, a patto di scegliere prodotti di qualità certificata, privi di additivi e conservanti.

- **Tofu, Seitan e Tempeh**: se il tofu,

con il suo gusto delicato, e il tempeh possono essere un alimento gustoso e di semplice utilizzo, soprattutto per chi per primo, magari con poche basi e scarsa esperienza, si avvicina ad una cucina 'diversa', personalmente non consiglio un consumo così assiduo di seitan e derivati (affettati vegetali, 'bistecche' e bocconcini), sebbene siano molto diffusi nella cucina vegan-friendly, apprezzati per gusto e consistenza quasi 'carnei'. Ottenuti da proteine isolate del frumento (glutine, essenzialmente), non sono adatti all'alimentazione del celiaco (e dei soggetti con *gluten sensitivity*, una condizione molto più comune), sono difficili da digerire e a lungo termine aumentano permeabilità intestinale e infiammazione sistemica. Utili per un tramezzino al volo o per un aperitivo all'ultimo momento, meglio evitarne un consumo troppo frequente, prediligendo altre fonti di proteine, più sane e gustose.

### FRUTTA SECCA, SEMI & derivati

- **Semi**: sesamo bianco e nero, canapa, papavero, chia, semi di lino

- **Frutta secca e a guscio**: mandorle, noci, nocciole, pistacchio, noci di Macadamia, noci del Brasile, noci Pecan, arachidi, noce di cocco, carrube, castagne

- **Farine e altri derivati**: Le farine di mandorla, noci e nocciole sono un *must have* per torte e biscotti, a patto di evitare di acquistarle già pronte ma di realizzarle al momento frullando i semi interi: saranno più fresche e profumate e conserveranno intatte tutte le proprietà del seme di origine. Burro di noci, nocciole e pistacchio sono perfette per realizzare golose farciture e ganache morbidissime, mentre il burro di mandorla, cocco e cacao, dal gusto più neutro, possono essere utilizzate come materia grassa per frolle dolci e brisée. Da preferire al naturale, senza zuccheri e aromi aggiunti; spesso alcuni prodotti contengono lattosio, proteine del latte in polvere e conservanti, perciò attenzione alle etichette!

- **Frutta disidratata e candita**: uvetta sultanina, uva di Corinto e zibibbo, albicocche, fragole e pere disidratate, fichi secchi, datteri Medjoul e ancora ananas, papaya, mango, cedro, arancia e zenzero candito. Perfetta come spuntino, la frutta disidratata rende speciali tutti i vostri dolci: potete metterla in ammollo e frullarla per dolcificare al posto dello zucchero o aggiungerla al muesli per la prima colazione. Massima attenzione, tuttavia, a salubrità e tracciabilità: prediligete prodotti di qualità certificata, biologici e senza additivi e conservanti (l'anidride solforosa è un conservante particolarmente utilizzato per frutta secca e disidratata), preferite la frutta al naturale rispetto a quella candita, troppo ricca di zuccheri raffinati, oppure preparatela in casa, con (poco) zucchero di canna o di fiori di cocco. È molto più semplice di quanto si pensi e il risultato è delizioso!

## ALGHE & INSAPORITORI

• **Alghe**: Kombu e Wakame, utilissime nella cottura dei legumi, e l'Agar agar, essenziale in pasticceria, non dovrebbero mai mancare in dispensa; per le altre varietà, tutte egualmente salutari e sfiziose, lasciatevi guidare dalla curiosità e dai vostri gusti. Provate ad arricchirvi un primo piatto o un pesto, delle gustose polpettine vegetali, o per dare spinta e sapidità a fagottini salati e pizze rustiche: piaceranno a tutti!

• **Insaporitori**: Shoyu e Tamari sono deliziose con un buon sushi di verdure di stagione, utilissime per dare sprint ad un contorno un po' anonimo o per conferire al tofu quella deliziosa glassatura Japan style: una spolverata di gomasio o di semi di sesamo e si vola in Oriente! Usate il miso per una buona *Misoshiru* tradizionale, ma non privatevi del gusto di osare: è perfetto anche per arricchire un buon brodo, salse e maionesi vegetali, o per rendere le vostre zuppe più golose e corroboranti.

## SPEZIE

Non ponetevi alcuna limitazione. Curiosate per i mercati, leggete, studiate e soprattutto assaggiate la cucina etnica: da ogni cultura c'è da imparare e conoscere è il primo passo per inventare. In dispensa non mancano mai:

• **pepe** (di ogni varietà: bianco, rosso, nero, mix creola. Negli ultimi anni, ad esempio, ho sviluppato un'insana dipendenza da pepe nero lungo e pepe del Sichuan. Scegliete i vostri preferiti ma con un unico dovere cui ottemperare: sempre in grani mai in polvere!)

• **peperoncino** o Cayenne

• **origano** essiccato, meglio se in fasci e non in polvere, conserva più a lungo il suo profumo

• **noce moscata**

• **curry** dolce e piccante

• **cardamomo** in baccelli

• **coriandolo** in polvere o in semi, anche fresco se riuscite a trovarlo. I semi hanno un profumo più delicato e aromatico, simile alla noce moscata ma con un intenso sentore di limone. Le foglie e gli steli hanno un gusto fresco e floreale, comune a molte ricette indiane e dei Paesi del Medio Oriente.

- **Garam masala**: i Masala sono dei mix di spezie tipici dei Paesi d'Oriente, utilizzati per la preparazione di zuppe, stufati e tajine; ne esistono di tantissime tipologie, tutte diverse, al punto che spesso per ciascuna ricetta ogni famiglia realizza da sé la miscela che ritiene più adatta. Nei negozi specializzati è possibile trovarne alcune, perciò il consiglio è di provarle e scegliere la vostra miscela del cuore. Provate poi a sconvolgere le vostre abitudini: utilizzatelo nei dolci!

Per i dolci:

- **curcuma**
- **vaniglia** Bourbon in polvere o in baccello
- **cardamomo** macinato
- **zenzero** in polvere
- **anice** stellato
- **chiodi di garofano**
- tanta, tanta **cannella**.

Qualsiasi aggiunta è sempre la benvenuta. Le spezie essiccate hanno una scadenza molto lunga e averle sempre a disposizione è una grande comodità. Se ne usa una piccola quantità, ragione in più per non lesinare in qualità. Girare per mercati, negozi specializzati e sale da tè arricchisce la mente e lo spirito e nutre di nuova linfa il vostro piccolo chef interiore!

## SPEZIE FRESCHE & ERBE AROMATICHE

Create il vostro piccolo giardino di erbe: che sia un balcone o un semplice davanzale, ogni cucina dovrebbe avere a disposizione il suo piccolo scrigno di profumi, con il quale rendere speciale ogni singola ricetta, anche la più semplice. Basilico, menta, prezzemolo, salvia, rosmarino sono essenziali, ma personalmente ho un debole per la cedrina e il timo serpillo. Che le acquistiate in vivaio o al supermercato, procedete subito a rinvaso: le aromatiche in commercio in genere derivano da più piantine stipate in un vasetto di plastica piccolissimo, ma se date loro agio di crescere in un bel vaso di terracotta, con del buon terriccio universale, in pochissimo tempo cresceranno e vi daranno grandi soddisfazioni! Non annaffiatele troppo spesso e posizionatele in un luogo fresco e arieggiato, mai in pieno sole nelle ore centrali della giornata: vi accompagneranno in ognuna delle vostre ricette. Le spezie fresche, invece, richiedono qualche attenzione: curcuma e zenzero possono essere conservati in frigo ma al riparo da umidità, ben chiuse in un sacchetto di carta, oppure in freezer.

# Ricettario

Eccoci giunti al termine di questo meraviglioso viaggio alla scoperta del cibo: alcuni ingredienti li conoscevamo già, altri meno, altri ancora li guardiamo sotto un nuovo punto di vista. Ora non resta altro che allacciare il grembiule e tuffarsi in cucina!

Nel ricettario troverete tante ricette semplici e sfiziose, illustrate passo dopo passo, e altrettanti consigli per variarle come più vi piace: provate, assaggiate, consolidate le tecniche e poi... divertitevi a sperimentare!

Dai piatti gourmet alla cucina casereccia, dal dopo palestra al brunch con gli amici, con un'attenzione in più alla cucina per i più piccoli e qualche consiglio per fare breccia negli onnivori più incalliti: i piatti non si alternano per portata ma si raccolgono attorno a un ricordo, a un momento della giornata o a un'occasione conviviale; perché una ricetta non è mai soltanto una ricetta, ma materia viva, fluida, che non teme i cambiamenti e chiede solo di diventare vostra.

Tradizioni di famiglia e diari di viaggio, istantanee dalle cucine e appunti della quotidianità, in un caleidoscopio di volti ed esperienze, avanguardia e memorie d'infanzia; eventi di rilievo e deliziose banalità, perché l'anima ha bisogno anche di questo e nulla, in fondo, è davvero poi così banale.

Con la consapevolezza che le radici sono parte di noi ma sono utili davvero solo se ci aiutano a guardare un passo oltre e che le tradizioni non devono essere un limite, ma insegnarci a crearne sempre di nuove.

## ORIENTARSI NEL RICETTARIO

Le dosi degli ingredienti sono da intendersi per **4 persone**, salvo laddove altrimenti indicato; a fondo pagina troverete tutti i consigli per la conservazione, approfondimenti e qualche spunto in più per sperimentare nuove ricette.

Alla fine del libro troverete un piccolo glossario di cucina e a pagina 49 un'utile tabella di riferimento per ammollo e cottura dei legumi, da copiare e appendere al frigo per utilizzarla tutte le volte che ne avrete bisogno.

Scegliere non è stato semplice: anni di menù del giorno e proposte à la carte ti abituano a creare continuamente e difficilmente si prepara uno stesso piatto troppo a lungo. Così ho scelto le mie ricette del cuore, quelle che piacciono alla mia famiglia, che preparo quando sono a casa, in vestaglia, senza fretta. Legate a un ricordo o a una persona cara, di quelle che non nascono per stupire i clienti ma entrano in punta di piedi, piano piano, per non lasciarci più.

Queste sono le mie ricette.
Ora scrivete le vostre.

# Le basi

Da solide basi nascono sempre ottime ricette.
E spesso brillanti soluzioni!
Una frolla golosa per una bella crostata di frutta (o per i biscotti della colazione), una pasta pane adatta alle ricette più sfiziose, crespelle dolci e salate sempre perfette o una salsina veloce per un aperitivo improvvisato, che il giorno dopo finisce, perché no, in un buon piatto di pennette.
Pochi elementi base, semplici e straordinariamente versatili, sono tutto ciò che occorre per inventare ogni giorno ricette sempre diverse, ricche di gusto e fantasia.
Non resta che allacciare il grembiule e sperimentare!

# Margarina
## fatta in casa

In cosa è diversa la margarina fatta in casa dalle più comuni varietà in commercio? Semplice, non è una margarina.
Tecnicamente nulla più di un'emulsione di acqua e olio, stabilizzata dalla bassa temperatura e da addensanti completamente naturali: lecitina (di soia o di girasole, utilizzata più spesso per il trattamento del colesterolo alto ma adoperata anche in cucina per la realizzazione di schiume e spume) e gomma di Guar, un addensante vegetale ricavato dalla *Cyamopsis tetragonolobus*, leguminosa di origine indiana nota in dermocosmesi per le sue proprietà emollienti e per la cura del capello.
Facilmente reperibili presso erboristerie e negozi biologici (la lecitina di soia anche nella grande distribuzione e in parafarmacia), lecitine e gomma di Guar sono spesso utilizzate nell'industria dolciaria, in pasticceria naturale e nel senza glutine. Non hanno costi esosi, si usa poco prodotto per volta e durano a lungo in dispensa al riparo dal calore e fonti di umidità. La scelta di utilizzare (anche) la Gomma di Guar oltre alla lecitina, diversamente dalle ricette più comuni, permette di stabilizzare la margarina artigianale più a lungo (quelle con sola lecitina tendono a separarsi con il tempo e al calore, perciò attenzione se volete utilizzarle in pasticceria) e di incorporare più acqua, ottenendo un prodotto più 'light'.
La margarina che possiamo preparare nella nostra cucina, con nulla più di un bicchiere graduato e un comune mixer ad immersione, viene lavorata completamente a freddo, senza idrogenazione, ed è di conseguenza molto più sana di qualsiasi alternativa in commercio; con il vantaggio di poter scegliere noi gli oli con i quali confezionarla (spremuti a freddo e di qualità certificata) e di essere facile e veloce da preparare, anche

per i più inesperti.
Consiglio sempre di utilizzare un olio extravergine molto dolce, da tagliare con un olio vegetale più neutro come mandorla o riso, in modo da ottenere una massa grassa sì sapida ma sempre equilibrata nel gusto e non troppo invadente.
La margarina così ottenuta permette di ovviare a tutti i problemi di friabilità, leggerezza e conservabilità che possiamo incontrare nella realizzazione di prodotti da forno e pasticceria (persino la sfogliatura dei croissant) con una soluzione più economica del burro di cacao e dell'olio di cocco, non sempre alla portata di tutte le tasche.

## Ingredienti

- 60 ml di olio di riso, mandorla o arachide
- 80 ml di olio EVO dolce
- 25 g di lecitina
- ½ tazzina di acqua tiepida
- 200-230 ml circa di acqua ghiacciata
- 1 cucchiaino di Gomma di Guar

## Preparazione

Sciogliere la lecitina nell'acqua tiepida, aggiungere gli oli e frullare nel mixer per rendere il composto omogeneo. Versare l'acqua ghiacciata a filo, continuando a frullare. Una volta che il composto avrà preso consistenza, assumendo un colore più chiaro e opaco, regolare la densità aggiungendo poca gomma di Guar per volta, frullando ancora brevemente fino ad ottenere la giusta consistenza. Conservare in frigo fino al momento dell'utilizzo.

*La ricetta permette di ottenere circa 500 g di margarina. Si conserva in frigo per 4-5 giorni, in un barattolo di vetro a chiusura ermetica, con pellicola a contatto per prevenire imbrunimento della superficie e ossidazione.*

Non ho mai amato l'utilizzo della panna da cucina, almeno nell'accezione tradizionale: copre i sapori, vela il palato, rende i fondi troppo grassi e qualora siate finalmente persuasi di aver trovato in commercio un prodotto il più naturale possibile, utilizzandolo avrete comunque tolto qualcosa alla vostra ricetta: l'immediatezza dei sapori. Provate dunque a dimenticare pennette alla vodka e maccheroncini panna e piselli e iniziate a ragionare come un cuoco: pensate all'ingrediente per quello che rappresenta in sé.

Un elemento grasso, certo, ma anche dolce e 'fresco', che se dosato con parsimonia può aggiungere corpo ad una crema di verdure leggera, dolcezza laddove prevale l'amaro o il piccante, oppure giocare in contrasto con sapori intensi e speziati. Un 'pesetto' sul braccio della bilancia, che sposta l'equilibrio dei sapori creando polarità all'interno della stessa ricetta, in modo che il gusto sia sempre diverso ad ogni assaggio: ora immagino che nessuno di voi si sognerebbe più di svuotare un brick di panna da cucina in padella come al solito!

Il vantaggio di preparare la panna in casa è che è possibile arricchirla di aromi e profumi a seconda delle nostre esigenze: aggiungere del basilico o del timo in infusione, qualche stelo di prezzemolo o delle foglie di sedano per conferire freschezza, funghi secchi o del pepe affumicato per un risultato più avvolgente.

Ora immaginate di realizzarvi l'intingolo perfetto per macchiare la vostra vellutata o di montarlo al sifone per delle spume che nulla hanno da invidiare alla cucina gourmet: non abbiate paura di osare, sgrezzate le vecchie abitudini. Pensate come un cuoco e, almeno per i vostri cari, lo sarete davvero.

# Panna vegetale

## Ingredienti

- 240 ml di olio di riso
- 150 ml di latte di soia al naturale, ben freddo
- sale
- pepe

## Preparazione

Lavorare tutti gli ingredienti con il mixer ad immersione fino ad ottenere una panna leggera e omogenea; regolare di sale e pepe.

*La panna vegetale si conserva in frigo per 3-4 giorni, con pellicola a contatto, in un barattolo di vetro a chiusura ermetica.*

Semplice, golosa, velocissima da preparare: con il vantaggio che non rischia di impazzire!
Una buona maionese, più sana (ed economica) di qualsiasi alternativa vegetale in commercio, è un utilissimo passe-partout da arricchire come ci piace: curcuma e limone per un tocco più classico, olio di oliva e senape in grani per chi ha gusti più strong; alleggerita dallo yogurt magro in estate, è la base perfetta per Aïoli e salsa tartara, o per una salsa rosa gustosa e naturale che nobilita in un attimo anche le verdure più semplici. E in pieno inverno? Aneto, dragoncello, funghi trifolati e un pizzico di pepe affumicato per una boscaiola che non si dimentica!

Per preparare la maionese occorrono pochi ingredienti, ma come per qualsiasi emulsione è importante che siano ben freddi: conservate l'olio in un luogo fresco e asciutto, al riparo da fonti di calore, e utilizzate latte di soia refrigerato per tempo. Scegliete una bevanda senza zuccheri e aromi aggiunti (leggete bene l'etichetta o vi ritroverete con una disgustosa maionese alla vaniglia!) e per una densità ottimale optate per un latte con almeno il 7-8% di soia, monterà senza problemi.

# Maionese veg

## Ingredienti

- 250 ml di olio di riso
- 150 ml di bevanda di soia al naturale (senza zucchero e aromi aggiunti)
- 1 cucchiaio di succo di limone (o aceto di mele)
- 1 pizzico di curcuma
- sale
- pepe
- ½ cucchiaino di senape (facoltativo)

## Preparazione

Riunire tutti gli ingredienti nel bicchiere del mixer ed emulsionare alla massima potenza per pochi secondi, incorporando aria dall'alto in basso, fino a raggiungere la giusta densità.

*La maionese si conserva in frigo per 3-4 giorni, con pellicola a contatto, in un barattolo di vetro a chiusura ermetica. Le salse derivate, invece, per via della presenza di ingredienti freschi, si conservano per non più di due giorni.*

È vero, l'aglio non piace a tutti e se avete un incontro galante non è proprio la scelta migliore; ma vi assicuro che con le verdure è la salsa che adoro di più! Per ottenere un'Aïoli davvero profumata (e digeribile) la scelta della varietà di aglio è fondamentale. In primavera approfittate dell'aglietto fresco: leggero e digeribile, con il suo bulbo non ancora del tutto formato, ha un profumo delicato e un gusto erbaceo tutto suo. Provate l'aglio orsino per un tocco silvestre e all'inizio dell'estate lasciatevi tentare da tutte le varietà di aglio fresco: il Rosa primaticcio o quello di Agrigento, l'aglio di Vessalico con il suo profumo straordinario e la spiccata digeribilità, il rosso di Nubia o Sulmona. Se siete dei palati gourmet, innamoratevi dell'aglio nero e del suo aroma intenso di tabacco e liquirizia.

Varietà di eccellenza, profumate e che non rischiano di appesantire, ci dimostrano ancora una volta che, spesso, la biodiversità è la chiave di tutto. Anche di una buona digestione.

# Salsa Aïoli
## all'aglietto fresco

### Ingredienti

- 230 ml di olio di riso
- 2-3 cucchiai di olio EVO dolce
- 150 ml di bevanda di soia al naturale
- 1 cucchiaio di succo di limone
- 1-2 gambi di aglietto fresco (o 3 spicchi di aglio)
- 1 bicchiere di bevanda di riso al naturale
- sale
- pepe

### Preparazione

Mondare l'aglietto delle radici e delle foglie esterne e ridurlo a fettine sottili. Portare a bollore il latte di riso e tuffarvi l'aglio, lasciandolo in infusione fino a raffreddamento. Scolare e procedere all'emulsione come da ricetta base, aggiungendo, dopo aver stabilizzato la salsa, l'aglio ben strizzato e frullando ancora un poco fino a rendere il composto omogeneo. Arricchire a piacere con aneto fresco o finocchietto selvatico, oppure con poca buccia di limone grattugiata.

# Salsa alle erbe

Fresca e profumatissima, con un bel colore verde pastello, si arricchisce di volta in volta di erbe sempre diverse, seguendo il ritmo delle stagioni; perfetta così, con dei grissini o una semplicissima crudité. Per un tocco più esotico, aggiungete 2 rametti di cedrina al bouquet di erbe e sostituite la buccia di limone con una fettina di zenzero fresco.

## Ingredienti

- 250 ml di olio di riso
- 150 ml di bevanda di soia al naturale
- 1 cucchiaio di succo di limone (o aceto di mele)
- 3 cm di buccia di limone pelata a vivo
- 1 spicchio di aglio piccolo
- 1 mazzetto di prezzemolo, basilico e menta
- sale
- pepe

## Preparazione

Pelare il limone a vivo, avendo cura di scartare l'albedo amaro; pelare l'aglio ed eliminare l'anima interna, pulire le erbe fresche scartando i rametti più coriacei. Sbianchire tutti gli aromi. Preparare l'emulsione base come di consueto, unire le erbe ben strizzate e frullare fino ad ottenere una salsa densa e omogenea.

Un dip fresco e appetitoso, perfetto per l'insalata, che sa dare una bella sferzata di carattere anche alle verdure più semplici. Il consiglio? Per un aperitivo improvvisato, preparate tante salse diverse (la base è sempre la stessa), aggiungete dei buoni grissini e delle verdure di stagione e magari perché no, delle golose polpettine: io ne preparo sempre un po' di più e le conservo in freezer, tutte diverse, così posso garantirmi un buon assortimento di sfizioserie per tutte le volte in cui ho pochissimo tempo (o nessuna voglia) di cucinare: una bella tovaglia colorata, qualche bevanda in fresco e l'aperitivo è sistemato!

# Salsa tartara

## Ingredienti

- 230 ml di olio di riso
- 2 cucchiai di olio EVO
- 150 ml di bevanda di soia al naturale
- 1 cucchiaio di aceto di vino bianco
- 1 cucchiaio di capperi dissalati
- 2-3 cetriolini sottaceto
- 1 ciuffo di prezzemolo
- 1 ciuffo di dragoncello o 2-3 steli di erba cipollina
- sale
- pepe

## Preparazione

Preparare l'emulsione al mixer come da ricetta base. Tritare finemente gli altri ingredienti e unirli alla salsa, mescolando con cura.

# Salsa boscaiola

Immaginate delle patate Hasselback al timo fresco, ben dorate e profumatissime. Del sedano rapa arrosto, radicchio tardivo alla piastra e della rapa bianca al cartoccio; del buon pane bruscato integrale, con la mollica fitta e il suo profumo di fieno: ecco, la boscaiola è perfetta così. Scalda le cene d'inverno con il suo gusto robusto ma naturale, genuino, come solo le salse fatte in casa sanno avere.

## Ingredienti

- 250 ml di olio di riso
- 150 ml di bevanda di soia al naturale
- 1 cucchiaino di aceto di vino bianco
- 130 g di funghi misti freschi
- 1 manciata di funghi secchi
- 1 ciuffo di prezzemolo e aneto (o finocchietto)
- 1 spicchio di aglio
- sale
- pepe
- vino bianco secco

## Preparazione

Pulire con cura i funghi e ridurli a fettine sottili; rosolarli per qualche minuto in padella con aglio e un filo d'olio, aggiungere i funghi secchi (ammollati in acqua tiepida e ben strizzati), sfumare con il vino e lasciare evaporare. Unire le erbe finemente tritate, regolare di sapidità e lasciare raffreddare completamente. Preparare la maionese come di consueto, aggiungere i funghi e frullare brevemente ad intermittenza per ottenere una salsa omogenea ma ancora un po' rustica, con qualche pezzetto intero: finferli, funghi secchi, pioppini, cremini, champignon, creeranno una piacevole danza di consistenze al palato, che renderà la vostra salsa unica e irresistibile.

La besciamella è una salsa base utilissima per numerose ricette, dalla lasagna alle crespelle, dai cannelloni ad alcune gratinature. Non si tratta di una preparazione troppo complessa, ma è necessario prestare molta attenzione ai dettagli.
La prima criticità riguarda la scelta del latte: è essenziale scegliere una bevanda vegetale dal gusto quanto più neutro possibile (soia, avena, mandorla e riso integrale sono le più indicate), con una buona densità, priva di aromi e additivi.
La seconda criticità riguarda la massa grassa e la preparazione del roux: andando ad utilizzare l'olio in luogo del burro per la tostatura della farina (fondamentale per ottenere un prodotto più digeribile e non conferire alla besciamella uno sgradevole sapore di 'crudo'), sarà ancora più importante avere pazienza e lavorare a fiamma molto dolce.
Scegliete infine delle buone spezie: noce moscata intera e pepe rigorosamente in grani, intenso e profumatissimo.

# Besciamella

## Ingredienti

- 500 ml di bevanda vegetale al naturale
- 40 g di farina di farro o 0
- 40 g di olio EVO dolce
- 1 cucchiaio di lievito in scaglie
- sale, pepe
- noce moscata

## Preparazione

Preparare il roux: in una casseruola a fondo spesso, stemperare la farina nell'olio con una frusta, porre sul fuoco e lavorare il composto a fiamma molto dolce per pochi minuti, mescolando con il cucchiaio. Togliere dal fuoco, versare il latte freddo e lavorare rapidamente con una frusta per non formare grumi, tornare sul fuoco e addensare la besciamella a fiamma media fino ad ottenere la consistenza desiderata.

# Pasta Brisé

Perfetta per fagottini, quiche e pizze rustiche, la brisé è una preparazione base della cucina francese. Leggera e friabile, deliziosamente 'burrosa', è semplice e veloce da preparare e si preferisce spesso alla classica pasta sfoglia perché più leggera, facile da gestire e adatta a contenere anche ripieni più umidi. Grazie al suo gusto neutro, inoltre, si adatta bene a qualsiasi farcitura. Come una comune pasta frolla, la brisé va lavorata il meno possibile e con l'utilizzo di farine deboli: una farina di tipo 1, 0 o una buona farina di farro semi-integrale saranno perfette. Per la versione dolce (Pâte sucrée) basta aggiungere alle polveri un cucchiaio di zucchero.

## Ingredienti

- 300 g di farina debole
- 125 g di margarina vegetale non idrogenata
- 5 g di sale
- 3 cucchiai di acqua fredda

## Preparazione

Disporre la farina in una ciotola, aggiungere il sale (e lo zucchero, per la Pâte sucrée) e mescolare con cura. Unire la margarina ben fredda a pezzetti e procedere a sabbiatura, aggiungere l'acqua e impastare brevemente, giusto il necessario per ottenere un panetto ben sodo e asciutto. Avvolgere nella pellicola trasparente e lasciare riposare in frigo per 30 minuti prima dell'utilizzo.

La pasta frolla è molto più di una ricetta: è come tornare a casa. Il profumo di limone, gli ingredienti semplici, l'aroma di vaniglia misto al profumo della mamma. Il primo ricordo che ho della cucina è preparare i frollini di Barbapapà assieme a lei. La fede al lato del piano, le dita infarinate, il grembiule pastello, le formine disegnate a matita e ritagliate sul cartone del latte.

Una bimbetta selvaggia con i capelli ricci raccolti nella coda alta, la maglietta grande a righe indossata al contrario e senza pantaloncini, tirata fin sulle ginocchia sbucciate. La luce del pomeriggio che filtra dalla tenda in veranda. Non avrò avuto neanche sei anni e ricordo ogni dettaglio, persino i più insignificanti. E ricordo quel profumo.

Questa è la magia della pasta frolla.

Lavorare ad un'alternativa vegan, in pasticceria, non è così semplice: sostituire burro, uova, zuccheri e farine raffinate con ingredienti sicuramente più salutari, ma più 'ostici' da gestire, richiede un'accurata ricerca per arrivare ad un risultato che sostenga il confronto con la ricetta tradizionale. Una sabbiatura a regola d'arte, aquafaba, un pizzico di lievito e una farina debole sono essenziali per ottenere una frolla leggera e fragrante, con tutto il profumo della ricetta originale. Mi piace aggiungere all'impasto anche poco olio di oliva dolce, giusto due cucchiai dopo la sabbiatura: non bagnerà la frolla ma conferirà colore e croccantezza unici.

# Pasta frolla

## Ingredienti

- 500 g di farina debole
- 200 g di margarina vegetale non idrogenata
- 2 cucchiai di olio EVO delicato
- 200 g di zucchero di canna (macinato fine o a velo)
- 1 pizzico di sale
- 1 limone
- ½ cucchiaino di vaniglia Bourbon in polvere
- 1 pizzico di cremor tartaro
- 1 bicchierino di limoncello o liquore
- aquafaba

## Preparazione

Unire farina, lievito, sale e zucchero in una boule e mescolare con cura. A parte, aggiungere la vaniglia e la scorza di limone grattugiata alla margarina, lavorandola appena con le dita per ammorbidirla. Unire la massa grassa alle polveri e procedere a sabbiatura, incorporando solo successivamente anche l'olio di oliva. Aggiungere al composto il liquore e l'aquafaba, lavorando l'impasto giusto il necessario per ottenere un panetto uniforme e ben asciutto. Avvolgere nella pellicola trasparente e lasciare riposare in frigo per 30 minuti prima dell'utilizzo.

La pasta sfoglia è una preparazione base utilissima ma abbastanza laboriosa da realizzare in casa. Nonostante richieda pazienza e buona manualità, consiglio di imparare presto a realizzarla perché purtroppo, anche al giorno d'oggi, è piuttosto difficile trovare dei prodotti in commercio che siano completamente vegetali e allo stesso tempo salutari. Seguendo la ricetta passo dopo passo vi sembrerà più semplice realizzarla anche in casa (e anche se non siete particolarmente esperti). Il consiglio è prepararne sempre un po' di più, magari raddoppiando le dosi, e conservarla in frigo o surgelarla per altri utilizzi. Non vi spaventate delle quantità di grassi: ahimè, è pur sempre una sfoglia (molto francese!). Consumatela con moderazione, con la gioia di un peccato di gola senza troppe conseguenze per la vostra salute.

# Pasta sfoglia

## Ingredienti

**Per il pastello**

- 530 g di farina
- 15 g di sale
- 330 g di acqua

**Per il panetto**

- 750 g di margarina vegetale non idrogenata molto fredda (da freezer)
- 220 g di farina

## Preparazione

### Per la massa grassa

Per formare il panetto di massa grassa, da incassare nella massa magra prima della sfogliatura, è bene lavorare con della margarina molto fredda: riponetela per 10-15 minuti in freezer prima di cominciare. Lavorare la margarina con la farina, in macchina o a mano con un tarocco, fino ad ottenere un composto omogeneo: distribuirlo su un foglio di carta forno, coprire con un altro foglio e appiattirlo fino a ricavare un rettangolo regolare dello spessore di 1 cm. Riporre in frigorifero per un'ora o in freezer per 15-20 minuti.

### Per il pastello

Unire in una boule (o in planetaria) la farina e il sale, mescolare con cura e aggiungere acqua fredda poco per volta, in modo che venga ben assorbita dalla farina. Lavorare l'impasto energicamente per qualche minuto fino ad ottenere un panetto duttile e appena appiccicoso: non dovrà incordarsi. Impastare ancora brevemente sul piano per asciugarlo appena (trattenetevi dalla voglia di aggiungere farina, è normale che risulti non troppo asciutto),

dare la forma di un panetto rettangolare e avvolgerlo nella carta forno. Riporre in frigo per 30 minuti.

## La sfogliatura

Stendere il pastello sul piano appena infarinato fino ad ottenere un rettangolo piuttosto regolare, di circa mezzo cm di spessore, cui il lato minore corrisponda all'altezza (lato lungo) del rettangolo di massa grassa e il lato maggiore a poco più del doppio del lato corto: occorre essere precisi, in modo che incassando la massa grassa nella massa magra non vi siano margini di sovrapposizione di solo pastello (non sfoglierebbero). È importante che il margine superiore e inferiore rimangano aperti, in modo che nella sfogliatura non si formino strati non intervallati da parte grassa. Stendere il rettangolo fino allo spessore di 1 cm e ripiegarlo a tre. Ruotare la pasta di 90°, in modo da avere sempre i lati aperti in alto e in basso e i lati chiusi a destra e sinistra. Stendere nuovamente fino allo spessore di 1 cm e ripiegare a quattro. Avvolgere nella pellicola e lasciare riposare in frigo per 30 minuti. Trascorso il tempo di riposo dare nuovamente una piega a tre, avvolgere in pellicola e riportare in frigo per altri 30 minuti. Dopo l'ultimo riposo, ripetere la piega a quattro e riporre in frigo per circa un'ora prima di procedere all'utilizzo.

*La pasta sfoglia si conserva in frigo per 2-3 giorni oppure in freezer per i successivi utilizzi. All'occorrenza lasciatela ambientare lentamente in frigo per 24 ore prima di utilizzarla per le vostre ricette.*

# Crema pasticcera

Non c'è base più preziosa in pasticceria, anche quando non si è decisamente degli chef pâtissier: preparare una chantilly, da decorare con frutta fresca e composte o per un buon tiramisù al caffè, è davvero un attimo. I pasticceri provetti (o le mamme molto premurose) possono cimentarsi con un'ottima torta di compleanno, come quella a pag. 165.

## Ingredienti

- 1 L di latte di soia
- 120 g di zucchero di canna
- 1 cucchiaino raso di curcuma
- 100 g di farina di farro o 0
- 1 limone
- 1 pizzico di vaniglia Bourbon in polvere o una bacca intera, vuota della polpa.

## Preparazione

Portare il latte a bollore, togliere dal fuoco, stemperarvi le spezie e unire la buccia di limone pelata a vivo. Lasciare intiepidire e filtrare. Unire in casseruola farina e zucchero, versarvi il latte tiepido e mescolare rapidamente con una frusta per non formare grumi. Portare nuovamente sul fuoco e addensare a fiamma media, mescolando continuamente. Coprire con pellicola a contatto (resistente al calore) e lasciare raffreddare completamente, prima a temperatura ambiente, poi in frigo.

*Potete sostituire lo zucchero di canna con altro dolcificante a più basso indice glicemico (sciroppo d'uva, riso, amasake o stevia) a seconda delle vostre esigenze, ma badate di sceglierne uno di colore chiaro: evitate malti e melasse o la crema diventerà marrone! Sostituite invece la farina di farro con farina di riso per una versione gluten free. Per preparare una crema al cioccolato aggiungete cacao o cioccolato fondente tritato al termine della cottura.*

# Crespelle

Che siano dolci o salate, le crespelle fanno sempre venire l'acquolina, anche solo al pensiero! Prepararle in casa è semplicissimo e una volta cominciato non riuscirete più a smettere: immaginate un buon piatto di crespelle agli asparagi e castagne, alla zucca, oppure funghi e radicchio, quando fuori fa freddo e avete voglia di coccolarvi un po'; con zucchine e fiori di zucca in primavera, agretti e pisellini novelli, o con un trionfo di verdure estive quando la stagione offre il meglio di sé. Una golosa crêpe Suzette per una cena romantica, crêpes al gianduia per un peccato di gola con gli amici, con fragole e mousse allo yogurt per chi ama restare leggero. A base di farina di farro e grano tenero, o farina di ceci in versione gluten free, le crespelle sono una ricetta base da utilizzare tutte le volte che si può: procuratevi una buona crêpiera e iniziate ad esercitarvi anche voi!

## Ingredienti

**Crespelle di ceci**

- 150 g di farina di ceci
- 150 g di acqua
- 150 g di bevanda vegetale al naturale
- 2 cucchiai di olio EVO dolce o di riso
- 1 pizzico di sale
- 1 cucchiaio di zucchero di canna fine (o poco malto)

**Crespelle di farro**

- 150 g di farina di farro
- 150 g di acqua
- 100 g di bevanda vegetale
- 2 cucchiai di olio EVO dolce o di riso
- 1 pizzico di sale
- 1 cucchiaio di zucchero a velo

## Preparazione

Unire in una boule tutte le polveri. Versare i liquidi a filo, mescolando con la frusta in modo da ottenere una pastella liscia e senza grumi. Filtrare il composto (o passarlo un attimo al mixer) e riporre in frigo per 20-30 minuti prima dell'utilizzo.

Scaldare la crêpiera, ungerla con poco olio e versarvi un mestolino di composto, roteando appena la padella in modo da distribuire bene la pastella su tutta la superficie in strato sottile.

Cuocere pochi minuti per lato e farcire.

*Vi piace sperimentare? Provate a cambiare farina! Avena, orzo, grano saraceno, frumento integrale, o ancora farina di lenticchie, fave e piselli per una versione gluten free: le possibilità sono davvero infinite, scegliete le vostre preferite!*

# Impasto base
## per rosticceria

Soffice, fragrante, leggero e ben lievitato: un impasto base di farro e semola che si presta a qualsiasi interpretazione e che, sono certa, utilizzerete spessissimo! Morbidi bun ai cereali per i burger dei bimbi, saccottini, rollè e cornetti farciti, un danubio salato ricco di verdure per stupire i commensali e una golosa torta di rose tutta da condividere: infinite ricette, un unico impasto, facile da realizzare, arioso e digeribile grazie al latte di riso e alla lievitazione indiretta.

## Ingredienti

**Per il pre-impasto**

- 200 ml di acqua tiepida
- 200 g di farina di farro
- 3 g di lievito di birra disidratato
- 1 cucchiaino di zucchero di canna o malto

**Per l'impasto autolitico**

- 200 g di semola rimacinata di grano duro
- 400 g di farina di farro
- 300 ml di latte di riso al naturale (senza zuccheri e aromi aggiunti)

## Preparazione

**Il lievitino**

Stemperare lo zucchero e il lievito nell'acqua tiepida, aggiungere la farina e mescolare rapidamente con una forchetta fino a formare una pastella piuttosto molle e non troppo regolare. Coprire, trasferire in luogo tiepido e lasciare triplicare di volume (60-90 minuti, in relazione alla temperatura ambientale e alla tipologia di farina utilizzata).

**L'impasto autolitico**

Unire in una boule le due farine e mescolare con cura, versare il latte tiepido e impastare energicamente per 2-3 minuti, fino ad ottenere un panetto omogeneo ma ancora piuttosto rustico, non incordato. Coprire con la pellicola e lasciare riposare per 30 minuti.

**Chiusura dell'impasto**

- 80 ml di olio EVO
- 16 g di sale fino

## Chiusura dell'impasto

Unire il lievitino maturo all'impasto autolitico riposato e impastare energicamente fino ad ottenere un panetto ben omogeneo; non appena l'impasto inizierà a prendere corda, incorporare lentamente l'olio a filo, attendendo che venga ben assorbito dopo ogni aggiunta e che l'impasto riprenda corda. Unire il sale alla fine. Trasferire l'impasto sul piano con poca farina di spolvero, lavorarlo ancora brevemente, procedere a pirlatura e trasferirlo in una boule oliata, coperto da pellicola trasparente. Lasciare lievitare in luogo tiepido fino al raddoppio (circa 3 ore). Trascorso il tempo di lievitazione, procedere a stagliatura, forma e cottura secondo ricetta.

Pensate ad una torta di compleanno, golosa e ricca di frutta, alla merenda dei bimbi o a delle graziose tortine monoporzione: la base è sempre lei, la Torta margherita. Più soffice e con meno uova del classico pan di spagna (grazie alla presenza di lievito e fecola), è una preparazione base molto comune nella pasticceria tradizionale, perfetta anche da sola, per la quale non ho potuto non creare una versione cruelty free. Optando per una buona farina di farro, leggera e molto elastica, e grazie alla cottura combinata è possibile evitare la presenza di amidi e fecole, realizzando una base torta gustosa, leggera e decisamente più salutare.

# Torta Margherita

## Ingredienti

- 350 g di farina di farro bianca
- 300 ml circa di latte vegetale
- 185 g di zucchero di canna
- 80 ml di olio di riso
- ½ cucchiaino di curcuma
- 1 limone
- ½ cucchiaino di vaniglia Bourbon in polvere
- 1 bustina di cremor tartaro
- 1 cucchiaino raso di bicarbonato
- 1 cucchiaio di aceto di mele

## Preparazione

Preriscaldare il forno a 180°C in modalità combinata, oliare e spolverare di farina una tortiera di 20-22 cm di diametro.
Unire in una boule tutte le polveri, le spezie e le zest di limone. In una fontana versare l'olio e il latte, mescolando con una frusta per non formare grumi. Unire infine l'aceto di mele e versare il composto in tortiera. Cuocere in forno ben caldo per circa 30 minuti, controllando al termine la cottura con uno stecchino.

*Il cremor tartaro (sale di potassio dell'acido tartarico) è un agente lievitante naturale ottenuto dalla fermentazione dell'uva, che sostituisce il comune lievito per dolci. Attivato dall'aggiunta di bicarbonato e aceto permette di ottenere paste da forno ariose e leggere, morbide a lungo. Non abbiate timore dell'aceto: evapora in cottura senza lasciare traccia!*

# (Ri-)partire dalla colazione

Il profumo del caffè macinato fresco appena pressato nella moka, il brusio delle campagne, oltre la nebbia del mattino. Il chiarore dell'alba, il cucchiaino che raschia contro la caffettiera, i granelli di zucchero sulle dita, da succhiare piano piano, come si faceva da bambini. Le fusa dei gatti, ancora un po' assonnati anche loro.

E quella vista: ampi spazi e grandi silenzi.

Il fruscio delle gomme sulla strada, le ombre delle guglie delle chiese, lontane, in paese. Nelle giornate di nebbia non si distinguevano più e nella vecchia casa, la 'nostra' prima casa, al nono piano, ci si trovava meravigliosamente sospesi in una realtà rarefatta e senza tempo. Per un anno la mia vita si è divisa tra risvegli all'alba, tratte in regionale e voli ad orari improbabili, ma non ho mai rinunciato alla meraviglia di quella sospensione.

Prendersi il tempo per preparare la colazione con calma, per cuocere dei muffin o sfornare qualche biscotto, stretta stretta nella vestaglia, le mani accoccolate attorno al caffelatte.

Lasciato il vecchio lavoro, con l'entusiasmo (un po' folle) di chi recide i rami secchi per fare ciò che 'deve' fare, per diventare la persona che vuole essere, la mia vita si è letteralmente trasferita al ristorante: un sorriso ai ragazzi dello staff, all'habitué del vecchio tavolino in formica (stessa ora, stesso posto dal primo giorno in cui abbiamo aperto), con una fetta di torta, espressino e quotidiano.

Silvia prepara i fiori di campo per la sala. Con gesti precisi e calmi. Sempre elegante e distinta, anche di buon mattino.

"Antonio, prepari il solito?"

Il silenzio, carico di sguardi, complicità e di vita condivisa.

E il profumo del caffè.

# Overnight Oats

L'overnight oatmeal è una ricetta semplicissima da preparare: sana, golosa e nutriente, perfetta per affrontare la giornata con la giusta energia. Pronta in pochi minuti, basta unire in un barattolo fiocchi d'avena, latte vegetale e semi di chia, agitare e riporre tutto in frigo per una notte. Io lo preferisco così, con latte di cocco, mandorle e albicocche oppure ai frutti rossi, ma ogni giorno è possibile inventare una ricetta diversa, utilizzando la vostra bevanda preferita e frutta fresca di stagione. E per i più golosi? Al cioccolato, con nocciole e susine rosse!

## Ingredienti

PER 2 PERSONE

**Overnight oats bianco**

- 60 g di fiocchi di avena
- 200 ml di latte di cocco e riso
- 2 cucchiaini di semi di chia
- 3-4 albicocche
- mandorle a filetti
- 4-5 fragole
- 1 manciata di amarene

**Overnight oats al cacao**

- 60 g di fiocchi di avena
- 200 ml di latte vegetale
- 2 cucchiaini di semi di chia
- 2 cucchiaini colmi di cacao o
- 50 g di cioccolato fondente o 2 cucchiai di nocciole
- 4-5 susine rosse

## Preparazione

La sera prima, unire insieme in un barattolo fiocchi di avena, latte e semi di chia (aggiungere il cacao per la versione al cioccolato, o un quadrotto di cioccolato fondente sciolto a bagnomaria), agitare per un minuto e riporre in frigo. Al mattino trasferire l'oatmeal in due ciotole e arricchire con frutta fresca e semi.

# Torta al cioccolato

## Ingredienti

- 300 g di farina di farro
- 200 g di cioccolato fondente al 60%
- 35 g di cacao amaro
- 185 g di zucchero di canna integrale
- 100 ml di olio di riso
- 380 ml di latte vegetale al naturale
- 1 bustina di cremor tartaro
- 1 pizzico di sale
- 1 cucchiaio di aceto di mele

## Preparazione

Preriscaldare il forno a 180°C in modalità combinata o statica. Tritare il cioccolato e raccoglierlo in una boule capiente, aggiungere cacao amaro e un pizzico di sale.
Scaldare 300 ml di latte (senza farlo bollire), versarlo sul cioccolato e mescolare con cura con una frusta fino ad ottenere un composto omogeneo. Quando il cioccolato sarà fuso e ancora ben caldo, unire lo zucchero, mescolare fino a scioglierlo completamente e aggiungere l'olio. Lasciare intiepidire il composto e unire poco alla volta la farina, mescolando con una frusta in modo da non formare grumi, e unire infine il cremor tartaro sciolto nel latte rimanente e l'aceto di mele.
Versare il composto in una tortiera di 22 cm di diametro e cuocere in forno ben caldo per 40 minuti circa, controllando al termine la cottura con uno stecchino. Lasciare raffreddare completamente.

# Tortine ACE

Morbide, leggere, con quel color oro che mette allegria anche nelle giornate di pioggia. Ricche di frutta e con tutto il buono della farina di farro, sono semplici e veloci da realizzare ma hanno un unico difetto: spariscono troppo in fretta!

## Ingredienti

- 300 g di farina di farro
- 140 g di zucchero di canna chiaro
- 80 ml di olio di riso
- 2 grosse arance
- 3 carote
- 1 limone
- 1 cucchiaino raso di curcuma in polvere
- ½ cucchiaino di vaniglia Bourbon in polvere
- 1 bustina di cremor tartaro
- 1 cucchiaino raso di bicarbonato
- 1 cucchiaio di aceto di mele

## Preparazione

Preriscaldare il forno a 185°C in modalità statica (175°C se combinata). Grattugiare la scorza degli agrumi e unirla all'olio; pelarli a vivo per eliminare completamente l'albedo. Passarli all'estrattore o in centrifuga assieme a due delle carote e tenere da parte 350 ml di succo. Aggiungere l'estratto all'olio e alle spezie e unirvi la polpa della terza carota grattugiata finemente.

A parte, unire le polveri in una ciotola e mescolare con cura. Ricavare una fontana al centro e versarvi i liquidi, lavorando il composto con una frusta in modo da non formare grumi; unire infine l'aceto di mele. Distribuire l'impasto nei pirottini riempiendoli per i 2/3, infornare e cuocere per 20-25 minuti, controllando al termine la cottura con uno stecchino. Lasciare intiepidire prima di sformare e servire.

*Se non avete estrattore e centrifuga in casa, preparate una semplice spremuta, grattugiate a parte le carote, frullate tutto insieme con un mixer o un robot da cucina e filtrate: il risultato sarà lo stesso!*

# Biscotti
## ai cereali & frumento integrale

I miei preferiti. Gli unici biscotti confezionati che mi rassegnavo a comprare, quando all'università il tempo era poco, i turni in reparto non si contavano più e le macchinette erano un miraggio agognato non meno delle lasagne alla domenica.
Quindici anni fa non c'era così tanta premura verso la salute dei consumatori, men che meno degli studenti, così l'unica macchinetta (in funzione) dell'intera struttura, al -2 della biblioteca come una qualsiasi bisca clandestina che si rispetti (in effetti la concentrazione di rappresentanti degli studenti e segretari nullafacenti era impressionante) era una fiera di club sandwich al tonno e sfogliatelle al bacon, e quasi sorgeva il dubbio che l'università non ricorresse solo a bocciature e brutti voti per scremare la pletora di iscritti.
I biscotti ai cereali acquisivano così una valenza salvifica, una personalissima forma di resistenza pacifica all'impero della cattiva alimentazione
Così, anche se gli anni sono passati, li preparo ancora, perché quando le velleità libertarie di una matricola si spengono ti accorgi che non era la resistenza ad importare davvero.
Ma il profumo delle nocciole.

# Ingredienti

- 100 g di fiocchi di avena
- 100 g di fiocchi di farro
- 100 g di farina di frumento integrale
- 100 g di nocciole
- 100 g di zucchero di fiori di cocco
- 50 g di uvetta zibibbo
- 1 pizzico di sale
- 100 ml di olio di riso
- 50 g di datteri Medjoul o altra frutta disidratata a scelta
- 2 cucchiai di malto di nocciole
- 3-4 cucchiai di acqua
- 1-2 cucchiai di amido di riso
- ½ bustina di cremor tartaro
- un pizzico di cannella (facoltativo)
- 1 bicchierino di Cognac o liquore a scelta

# Preparazione

Tritare grossolanamente la frutta disidratata e metterla in ammollo nel liquore. Unire in una ciotola tutte le polveri, il lievito, gli aromi, le nocciole tritate e la frutta ben strizzata. Incorporare l'olio e mescolare con il cucchiaio, poi unire il malto e la quantità di acqua necessaria a formare un composto più compatto, appena umido e a briciole grossolane. Coprire e lasciare riposare per un'ora, in modo che l'avena, gonfiandosi, addensi l'impasto rendendolo lavorabile.

Preriscaldare il forno a 170°C in modalità ventilata. Stendere l'impasto tra due fogli di carta forno spolverati di farina, allo spessore di mezzo cm, ricavare i biscotti con il coppapasta e trasferirli su placca con carta forno. Abbassare la temperatura del forno a 160°C, cuocere per 15 minuti e lasciare asciugare in griglia.

*Per questi biscotti ho scelto di utilizzare lo zucchero di fiori di cocco, simile per sapore allo zucchero integrale ma con un indice glicemico nettamente più basso (35, pari alle carote): una colazione ricca di fibre e povera di zuccheri semplici previene eventuali attacchi di fame e senza picchi glicemici (e insulinemici) aiutiamo il sistema nervoso a mantenersi più efficiente e concentrato (e noi meno irritabili). Il malto di nocciole, oltre a non far innalzare troppo la glicemia, è un'autentica delizia! Ad oggi è facile reperire questi due ingredienti presso negozi biologici e specializzati o nelle erboristerie più fornite e se doveste trovare difficoltà, potrete sostituirli con zucchero integrale e malto d'orzo o di riso.*

Con l'inizio dell'estate i boschetti in collina sono un trionfo di frutti rossi! More, lamponi, fragoline di bosco, mirtilli e uva spina. Non è difficile incontrarli in Emilia, appena fuori città, quando inizia la stagione; così, se si andava per sagre o sui colli a mangiare tigelle, si finiva sempre per farne una scorpacciata. Ecco perché i muffin ai mirtilli sono il dolce che amo di più in estate, quando il tempo rinfresca e il giardino profuma di gelsomini.

# Muffin
## ai mirtilli freschi

### Ingredienti

- 450 g di farina di farro
- 200 g di zucchero di canna integrale
- 200 g di mirtilli freschi
- 2 limoni
- 1 cucchiaio di aceto di mele
- 1 cucchiaino di bicarbonato setacciato
- 400 ml di latte di riso o avena
- 100 ml di olio di riso
- 1 bustina di cremor tartaro
- 1 pizzico di curcuma in polvere
- ½ cucchiaino di vaniglia bourbon in polvere

### Preparazione

Preriscaldare il forno in modalità statica o combinata a 180°C. Unire in una boule tutte le polveri e i mirtilli freschi, mescolando con cura; a parte, aggiungere le zest di limone e le spezie all'olio. Unire poco alla volta i liquidi alle polveri e mescolare fino ad ottenere un composto liscio e senza grumi. Aggiungere l'aceto e distribuire l'impasto nei pirottini, riempiendoli per i due terzi; spolverare ancora con poco zucchero e infornare (abbassare la temperatura a 170°C se in modalità combinata). Cuocere per 25 minuti circa, controllare al termine la cottura con uno stecchino e lasciare intiepidire prima di sformare e servire.

*Utilizzate sempre dei pirottini rigidi, anche se in carta, per permettere all'impasto di crescere senza problemi in forno, oppure spennellate con poco olio la teglia apposita e foderate gli incavi con due fettucce di carta forno per facilitare l'estrazione dei dolcetti. I muffin ai mirtilli si conservano ben umidi in un contenitore di vetro per 2 giorni o possono essere conservati in freezer e scongelati all'occorrenza.*

# Piccoli pasticci!

Cucinare per i più piccoli non è mai semplice.
Esigenti, capricciosi e sempre affamati, sono i clienti più difficili, al ristorante quanto a casa. Con l'inizio della scuola (e il ritorno al lavoro per noi), tra giornate sempre di corsa, orari sempre troppo stretti e, ahinoi, la perenne tentazione della merenda del compagno di banco, è ancora più difficile pensare per loro ad un'alimentazione che sia gustosa ma sempre sana ed equilibrata, che sappia accompagnarli nelle piccole grandi avventure di ogni giorno e sostenerli in tutte le fasi della crescita. Per non parlare delle verdure! La maggior parte dei bambini di oggi scappa alla sola vista di un po' di verde nel piatto; così, dopo la tranquillità di un primo anno tutto creme e brodi vegetali, ogni mamma prima o poi si trova a combattere contro un nemico più famigerato di qualsiasi mostro nell'armadio: una foglia di lattuga. Se c'è una cosa, però, che dai bambini possiamo (e dobbiamo) imparare, è tornare un po' bambini anche noi. Dimentichiamo qualsiasi ricetta, alziamo gli occhi dal piatto e guardiamo al cibo come farebbe un bambino: forme, profumo e macchie di colore, un po' come quando da piccolini ci stendevano sul prato e le nuvole diventavano gnomi, elefanti, tartarughe e coniglietti. Così le chiocciole hanno una bella panciotta di verdure, le carote si fan crocchette e i soufflé hanno un cuore verdissimo.
Intorno alla cucina si crea, si racconta, ma soprattutto, si pasticcia!
Nascondete gli oggetti taglienti, mettete in sicurezza ante e spigoli, tirate fuori dal cassetto tutto l'arsenale di stampi e formine e fatevi aiutare dai più piccoli: i bimbi mangiano sempre tutto se lo preparano con le loro manine (e insieme alla mamma o al papà). Toccare il cibo, imparare a riconoscerlo, sentirne il profumo, li aiuterà a mantenere un rapporto molto più sano con il cibo anche in futuro e, soprattutto, costruirà i loro ricordi. Gli stessi che ci riportano all'infanzia, davanti a una tazza di tè e una fetta di torta di mele.

# Muffin salati
## cuor di broccolo

Perfetti per la tavola delle Feste, sono un'idea divertente (e parecchio furbetta) per far mangiare ai bambini broccoli e cavolfiori, che fanno tanto bene ma spesso proprio non vanno giù! Sfiziosi, saporiti e soprattutto morbidissimi, questi muffin salati nascondono un alberello verdissimo che fa subito Natale. Impossibile resistere!

### Ingredienti

- 1 broccolo o cavolfiore romanesco
- 1 cipollotto fresco
- 350 g di farina di tipo 1
- 350 ml di latte vegetale al naturale
- 80 ml di olio EVO
- 1 bustina di lievito istantaneo per pizze e torte salate
- 1 manciata di ciliegini secchi al naturale
- 1 mazzetto di prezzemolo
- 1 cucchiaino raso di curry dolce
- 1 cucchiaio di zest di limone
- sale
- pepe
- 1 cucchiaio di aceto di vino bianco o mele

### Preparazione

Dividere il broccolo in cimette e scottarlo in acqua salata per 3 minuti, passarlo in acqua fredda, scolare e lasciarlo asciugare bene. Bollire i ciliegini in acqua non salata per 5 minuti, scolarli e ridurli a dadini. Preparare l'impasto dei muffin: unire in una boule tutte le polveri, aggiungere i pomodorini, il prezzemolo tritato, le zest di limone e le spezie e regolare di sapidità. Aggiungere l'aceto e mescolare con cura. Ungere gli stampini da muffin e distribuire l'impasto riempiendoli per poco meno della metà, unire le cimette cotte e coprire con un cucchiaio di impasto. Cuocere in forno statico o combinato, preriscaldato, a 180°C per 25 minuti, controllando al termine la cottura con uno stecchino.

Gli gnocchi di patate sono una ricetta perfetta da preparare con i bambini: semplici e sofficissimi, buoni con qualsiasi condimento, piacciono a grandi e piccini e sono il passatempo ideale per un pomeriggio insieme a loro. E se non avete una rigagnocchi? Passateli sulla grattugia o contro i rebbi della forchetta, oppure lasciateli così, lisci e piccolini, come piacciono alla mia mamma.
La ricetta è senza uova, di conseguenza è ancora più importante scegliere delle patate farinose, a pasta bianca o gialla, che richiedano meno farina possibile (altrimenti rischiereste di ritrovarvi con degli gnocchetti duri e gommosi): evitate le patate novelle e preferite quelle un po' vecchie e asciutte. Aggiungete un pizzico di curcuma all'acqua di cottura o all'impasto per una tonalità oro golosa ed invitante.

# Gnocchi di patate

## Ingredienti

- 700 g di patate a pasta gialla farinose
- 150 g farina di farro
- sale
- 1 pizzico di curcuma
- noce moscata

## Preparazione

Lavare bene le patate, spazzolandole con cura per eliminare i residui di terra. Trasferirle in casseruola, coprire con acqua fredda salata e portare a cottura a fiamma media (circa 20 minuti dal bollore, o fino a quando saranno morbide). Scolarle, raffreddarle brevemente in acqua fredda e pelarle. Schiacciarle con lo schiacciapatate e allargarle sul tagliere di legno cosparso di farina. Regolare di sale, curcuma e noce moscata e lavorare l'impasto aggiungendo poca farina per volta per ottenere un panetto duttile e asciutto, modellabile con le dita.

La quantità di farina necessaria può variare in relazione all'umidità delle patate scelte, ma per degli gnocchi soffici e leggeri non superare mai circa 1/3 del peso (300 g/kg). Aiutandosi con poco spolvero di farina, modellare dei serpentelli di impasto spessi circa un dito e tagliare gli gnocchi con un coltello o un tagliapasta, rifinendoli secondo preferenza. Cuocere per pochi minuti in abbondante acqua salata, scolare non appena saliranno a galla e condire.

*È vero i bimbi adorano gli gnocchetti al pomodoro, ma perché non provarli con un buon pesto primavera? Basta frullare insieme pisellini novelli, fagiolini cotti, zest di limone e qualche fogliolina di menta e basilico, ed ecco un pesto leggero e profumatissimo, con tutto il buono delle primizie di stagione. Gli gnocchi vanno preparati e cotti in tempi brevi: potete lasciarli sul piano o su un vassoio in luogo fresco e asciutto per qualche ora, oppure scottateli appena e lasciate asciugare ben distanziati fino al momento dell'utilizzo; evitate il frigo se crudi, potrebbero scurire. Se intendete conservarli, meglio congelarli: allargateli su un vassoio, riponete in freezer e una volta induriti trasferite in un sacchetto per alimenti. Si conserveranno fino a tre mesi.*

Bimbi che odiano il verde? Bene, nascondetelo!
Le lumachine di pane sono una ricetta divertente e versatile, si adattano a qualsiasi farcitura e piacciono tanto ai piccini (ma non solo). Perfette per il buffet delle feste, potete prepararle in anticipo, con farciture diverse, e farvi aiutare dai più piccoli.
Le preferite di casa? Pizzaiola e zucchine e mentuccia!

# Lumachine di pane

## Ingredienti

**Per le lumachine**

- impasto base per rosticceria (pag. 123 )
- 50 ml di latte di riso al naturale
- 50 ml di olio
- 1 cucchiaino di malto o zucchero di canna
- semi misti (papavero, sesamo, semi di finocchio)
- semola o farina di riso per spolvero

## Preparazione

Preparare l'impasto base per rosticceria secondo ricetta (pag. 123). Nel frattempo, preparare le diverse farciture e lasciarle raffreddare completamente.

Trascorsa la prima lievitazione, trasferire l'impasto sul piano spolverato e dividerlo in 3 parti uguali (o tante quante le farciture che avrete scelto di realizzare.) Stendere ciascuna porzione in un rettangolo di mezzo cm di spessore e, con la rotellina tagliapasta o con un coltello, ricavare dei rettangoli di 20 cm di larghezza e 5-6 cm di altezza.

Farcire ciascun rettangolo con poca farcia e richiuderlo a formare un cordoncino, sigillando con cura i margini e le due estremità in modo che la farcia non possa uscire in cottura. Arrotolare ciascun cordoncino su sé stesso per formare le chiocciole, ripiegando in avanti l'estremità libera per descrivere il collo e il musetto delle lumachine. Trasferire le forme su placca con carta forno, ben distanziate tra loro. Versare in un barattolino di vetro l'olio, il latte e il malto, chiudere con il coperchio e agitare per un minuto fino a formare una fine emulsione. Spennellare

**Pizzaiola**

- 500 g di pomodoro tondo o insalataro
- 1 spicchio di aglio
- 1 cucchiaio di capperi dissalati
- 2 cucchiai di olive taggiasche denocciolate
- origano fresco
- sale, olio EVO

**Farcia alle zucchine**

- 800 g di zucchine
- 1 limone
- 1 cipollotto fresco
- 1 spicchio di aglio
- 1 mazzetto di prezzemolo, basilico e mentuccia romana
- sale, olio EVO

le forme con l'emulsione e decorare le chiocciole con i semi, coprire con la pellicola e lasciare lievitare ancora per 30 minuti.

Preriscaldare il forno a 200°C. Quando sarà ben caldo, abbassare la temperatura a 185°C e cuocere le lumachine per 20 minuti circa o fino a doratura. Lasciare intiepidire prima di servire.

## Lumachine alla pizzaiola

Tagliare lo spicchio di aglio a metà e strofinarlo all'interno di una ciotola; aggiungere un filo d'olio, un pizzico di sale e origano fresco. Ridurre il pomodoro a dadini e trasferirlo nella boule; unire capperi e olive tritati e mescolare con cura. Lasciare insaporire fino al momento dell'utilizzo. Farcire i rettangoli di impasto scolando bene il liquido in eccesso e procedere secondo ricetta.

## Lumachine alle zucchine e mentuccia

Mondare le zucchine delle estremità e ridurle a julienne con una grattugia a fori larghi; trasferirle in uno scolapasta, cospargerle con un pizzico di sale e lasciarle sotto un peso per 15 minuti in modo che perdano l'acqua di vegetazione.

A parte, ridurre il cipollotto a rondelle e farlo appassire in casseruola con poca acqua e un pizzico di sale. Quando sarà cotto e il fondo di cottura ben asciutto, unire l'aglio in camicia, due cucchiai di olio e le zucchine ben strizzate. Cuocere a fiamma media per 7-8 minuti, unire le erbette tritate, poca buccia di limone grattugiata e regolare di sapidità. Lasciare intiepidire e procedere secondo ricetta.

*Queste sono soltanto alcune delle farciture possibili, ma divertitevi a sperimentare: funghi e patate al rosmarino, carciofi, tofu e spinaci, oppure una buona vignarola di verdure primaverili! Perfette anche fredde, possono essere preparate in anticipo oppure surgelate.*

# Polpettine Risi & Bisi

Nasce minestra, diventa finger food! Risi e bisi è il piatto della mia infanzia, quello che piaceva tantissimo a me e alla mamma tanto da prepararlo almeno una volta a settimana, ma che a mio padre proprio non andava giù! Cremoso e appena brodoso, a metà tra zuppa e risotto, in un attimo portava in tavola la Primavera.
Insieme in cucina io e la mamma, la busta del mercato e una grossa ciotola di vetro: passavamo ore e ore a sgranare piselli freschi, cinque nella ciotola, dieci sul pavimento, venti smangiucchiati qua e là (neanche troppo) di nascosto.
Era la ricetta che amavo di più, ne ero ghiotta e finivo sempre per mangiare anche ciò che lasciava papà, ma se avanza che si fa? Prepariamo le polpette, morbide e golose, con basilico fresco, un tocco di limone e qualche fogliolina di menta.

## Ingredienti

- 250 g di piselli sgranati
- 1 cipolla
- 300 g di riso Basmati cotto, ben freddo (150 g peso secco)
- 20 g di basilico fresco
- 1 cucchiaino di coriandolo in polvere
- 1 limone
- 2 cucchiai colmi di lievito alimentare in scaglie
- sale
- pepe
- olio EVO

## Preparazione

Ridurre la cipolla a rondelle fini e farla appassire in casseruola con poca acqua e un pizzico di sale; unire i piselli, coprire con poca acqua e portare a cottura. Regolare di sapidità, scolare del liquido in eccesso e lasciare raffreddare completamente. Cuocere il riso Basmati per assorbimento, salare e lasciare raffreddare.
Frullare nel robot da cucina riso e piselli, unire le foglie di basilico tritate, il coriandolo e 1 cucchiaio di buccia di limone grattugiata. Incorporare infine il lievito in scaglie, mescolare con cura e regolare eventualmente di sapidità. Il composto dovrà essere morbido ma modellabile con le dita, se dovesse risultare troppo umido aggiungere poco pangrattato. Con le mani inumidite modellare delle polpette appena schiacciate di 3-4 cm di diametro e rosolarle in padella con un filo d'olio per qualche minuto per lato. Servire calde.

# Crocchette
## di carote & patata dolce

E se la carota fosse... una crocchetta? Facilissime da preparare, graziose e super saporite queste crocchette di carota e patata dolce, croccantine e dal cuore morbido, con il loro profumo irresistibile di rosmarino: una tira l'altra!

### Ingredienti

- 400 g di carote
- 1 grossa patata dolce (400 g)
- 2 cucchiai di lievito alimentare in scaglie
- 2-3 cucchiai di farina di riso integrale
- 1 piccolo spicchio di aglio
- rosmarino fresco
- sale, pepe
- olio EVO
- noce moscata

### Preparazione

Cuocere le verdure a vapore fino a quando saranno tenere, schiacciarle con la forchetta e lasciare raffreddare. Unire il lievito in scaglie, pepe (se gradito) e noce moscata. Aggiungere farina nella misura necessaria ad ottenere un composto modellabile e appena umido, regolare di sapidità. Lasciare riposare in frigo per almeno 1 ora.

Con le mani inumidite o due cucchiai, modellare delle quenelle, schiacciarle appena ai lati e sulla punta per formare una carotina e cuocere le crocchette in padella con aglio e un filo d'olio, girandole di tanto in tanto per rosolarle uniformemente su tutti i lati, oppure in forno a 180°C per 15 minuti.

Preparare gli spiedini con i rametti di rosmarino. Servire ben caldi.

# Pancake
## di patate e fagiolini alla ligure

### Ingredienti

- 130 g di farina di riso integrale
- 170 g di farina di ceci
- 400 ml di acqua di cottura dei fagiolini
- 1 mazzetto di basilico
- ½ bustina di lievito istantaneo
- 2 cucchiai di lievito alimentare in scaglie
- 350 g di fagiolini
- 1 patata media
- 1 piccolo spicchio di aglio
- sale
- pepe

### Preparazione

Cuocere la patata con la buccia (dovrà essere ben cotta ma senza sfaldarsi), lessare i fagiolini in acqua salata per 5-6 minuti, passare in acqua fredda e tenere da parte. Preparare la pastella: unire nel mixer farine, acqua e lievito istantaneo, frullando fino ad ottenere una pastella liscia e senza grumi. Aggiungere aglio e basilico e continuare a frullare fino ad ottenere un composto omogeneo, filtrare e riporre in frigo per 30 minuti. Ridurre la patata a dadini, tagliare grossolanamente i fagiolini in 2-3 parti più piccole e unire le verdure alla pastella. Scaldare una padella antiaderente, ungerla con poco olio e distribuirvi un mestolino di composto, cuocendo i pancakes pochi minuti per lato. Servire ben caldi.

*Provateli con le verdure che preferite! Funghi e asparagi, con patate e pisellini freschi, con i carciofi, alla zucca oppure con agretti e bietoline scottate. Saranno sempre deliziosi!*

Con l'arrivo dell'estate è facile che la frutta maturi in fretta e se non si sta attenti rischia irrimediabilmente di guastarsi. Evitare sprechi però è davvero semplicissimo: basta congelarla! La frutta matura è perfetta per frullati, smoothie e sorbetti, è naturalmente dolce e non ha bisogno di zuccheri aggiunti. Gelati stecco e ghiaccioli sono veloci da preparare, profumati e coloratissimi e sono la merenda ideale quando fa troppo caldo per accendere il forno. Lo yogurt aggiunto alla frutta manterrà il sorbetto più setoso. Il consiglio in più? Lasciate qualche pezzetto di frutta intero, i vostri stecchi saranno bellissimi!

# Stecchi
## allo yogurt & frutti rossi

### Ingredienti
**PER 6-8 STECCHI**

- 350 g di fragole e ciliegie
- 1 limone
- 1 vasetto di yogurt vegetale

### Preparazione

Mondare le fragole del picciolo e denocciolare le ciliegie, tagliare la frutta a pezzetti, irrorarla con succo di limone e trasferire in freezer per almeno tre ore in un sacchetto per alimenti o in un contenitore a chiusura ermetica. Unire nel robot da cucina la frutta congelata, lo yogurt e se gradito un pizzico di vaniglia e zest di limone. Frullare fino ad ottenere una purea omogenea e distribuire il composto negli stampini con gli stecchi, riempiendoli fino ad un cm dal bordo. Riporre in freezer fino al consumo.

*Pesche, albicocche, banane, mango, papaya: provate a realizzare tanti gusti diversi con tutta la frutta a disposizione, a patto che abbia una bella polpa morbida e ben matura. I bimbi ne andranno matti!*

# Bottoni di biscotto
## alla crema gianduia

Chi è nato negli anni Ottanta li ricorda bene. È davvero semplice prepararli in casa e anche i bambini di oggi non potranno che adorarli!

## Ingredienti

**Per i biscotti**

- 500 g di pasta frolla (ricetta a pag. 113)
- 400 g di crema gianduia vegan

**Occorrente**

- 1 coppapasta di 3-4 cm
- 1 coppapasta leggermente più piccolo
- 1 spiedino

## Preparazione

Preparare la pasta frolla secondo ricetta base e lasciarla riposare in frigo per almeno 30 minuti. Stenderla dello spessore di 3 mm e ricavare dei biscotti con il coppapasta, poi, con un cerchietto più piccolo, imprimere appena ogni biscotto e con uno stuzzicadenti ricavare i forellini centrali. Adagiare le formine in placca con carta forno e cuocere a 170°C in forno ventilato per 8 minuti.

Lasciare intiepidire e farcire con la crema gianduia, allungandola, se troppo densa, con poca panna vegetale.

# Torta di Compleanno

Guanciotte rosa, capelli castano chiaro, due occhietti neri profondi e vispi che catturano il mondo ad ogni sguardo: Valentina ha 4 anni ed è una scheggia. Spontanea, simpatica, senza nessun pregiudizio (troppo spesso, per colpa nostra, i bimbi ne hanno già tanti), ama la natura e gioca con tutti, bimbi, cani, gatti e bruchi. Adora il mare, che è sempre troppo lontano. A volte si fa silenziosa, la voce è quasi un sussurro, e quando parla trova sempre il modo di insegnarti qualcosa. Ama preparare i biscotti e imparare a fare il pane, le piace la focaccia ed è ghiotta di orecchiette, ma più di ogni altra cosa ama il cioccolato. Ecco la torta che preparo al suo compleanno. Semplice e nuda. Senza fondant e pasta di mandorla, senza fiori di zucchero e stampe a colori. Chantilly, mirtilli, fiori eduli e gianduia: tutto quello che è sulla torta si può mangiare e meno male, perché in un attimo ci ha già infilato le manine!

## Ingredienti

- base torta al cioccolato (ricetta a pag.133)
- 600 ml di crema pasticcera (ricetta a pag.119)
- 300 ml di panna vegetale da montare (senza additivi e grassi idrogenati)
- 400 g di crema spalmabile al gianduia
- 500 g di mirtilli freschi
- fiori eduli
- poco latte vegetale
- 1 anello per torte
- acetato per alimenti

## Preparazione

Preparare la torta al cioccolato e la crema pasticcera il giorno prima, in modo che la crema sia ben fredda e la torta più agevole da sformare e tagliare. Montare la panna ben ferma e incorporarla poco per volta alla crema, mescolando con la spatola dal basso verso l'alto fino ad ottenere una chantilly soffice e omogenea. Tagliare la torta a metà con il coltello o con uno spago alimentare. Circondare il primo disco con un anello per torte alto, adagiandovi all'interno un foglio di acetato per alimenti in modo che sia più agevole montare e decorare la torta. Bagnare il primo disco con poco latte, spalmare uno strato di gianduia e unire una parte di chantilly e una manciata di mirtilli. Chiudere la torta con il secondo disco e ultimare con poco gianduia, qualche ciuffetto di chantilly, mirtilli e fiori aduli. Conservare in frigo per almeno 3 ore, poi, quando sarà ben fredda, rimuovere l'anello e l'acetato e lasciare ambientare per 30 minuti prima di servire.

*Glicine, sambuco, gelsomini, malva, camomilla, rose, violette, girasoli, garofani e fiordalisi, ma anche basilico, carota e rosmarino: i fiori eduli sono moltissimi, molti più di quanti immaginiamo! Oggi è più semplice trovarli in commercio, presso negozi bio e specializzati, ma possiamo coglierli anche noi in campagna, in giardino o sul balcone se lontano dalle strade, purché non siano trattati. Perfetti per decorare torte e dolcetti, sono profumati e deliziosi, anche in insalata!*

# Eravamo quattro amici al brunch

Metti una giornata d'estate.
Poche macchine in lontananza, il ronzio della televisione da una finestra vicina, le serrande dei negozi abbassate a schermare il sole.
Il profumo dei gelsomini. Tende di lino e veneziane socchiuse per l'afa del pomeriggio; il vento le smuove dolcemente. Il cigolio abbraccia il frinire delle cicale. Sembra tutto sospeso, in estate, qui in Puglia.
La città si ferma. Qualcuno è in casa, è presto per il mare. Si lavora ancora, ma senza troppa convinzione. In agosto, finalmente, ci fermiamo anche noi: il ristorante chiude, la città si svuota.
Solo i turisti, le onde, il bianco dei porticcioli.
Dopo un anno di eventi, menu da allestire e servizi serrati, si è talmente stanchi che prima di fuggire in vacanza si dondola in una sorta di sospensione silenziosa. Senza orari, senza occupazioni, senza rumore.
Stacchi il telefono, radio spenta, non accendi la televisione e, se si può, neanche la luce. Non te ne accorgi ma sussurri, per non disturbare questa eterea perfezione di un inatteso giorno di grazia.
Prendi un caffè, curi il giardino, respiri la brezza del mattino. Hai staccato la sveglia ma tanto non serve. Continuerai a svegliarti alle 6.26 come al solito, almeno per un po'.
È sorprendente, ma non ti va neanche di cucinare. Ogni tanto un ghiacciolo, una fetta di anguria e delle pesche da sbocconcellare. Vittorio mi vuole così bene che si adegua, non chiede, tra una commissione e l'altra mangia frettolosamente in cucina.
Qualche coccola ai gatti (loro sì che sono professionisti del dolce far nulla), ti addormenti un poco sul divano, con il vento fresco del pomeriggio e il fruscìo delle chiome dei pini. Tutto sembra perfetto, rarefatto, senza peso.

DRIIIN
(Citofono sgangherato che dagli anni Settanta trilla come una cornacchia e nessuno lo cambia mai.)
Sarà la posta. Faccio finta di niente. Richiudo gli occhi.
DRIIN. DRIIIN. DRI-DRIDRIDRIDRIIIIN. DRIIDRIIIIIIIIN!
Il bontempone, qui, ha voglia di scherzare e improvvisa un motivetto. Mi sollevo, rimuginando ogni sorta di improperio, e mi trascino in corridoio.
Attendo ancora un attimo (magari si sono sbagliati davvero),
ma poi mi rassegno. Sollevo la cornetta.
"Weee, come stai?! Disturbiamo?
Facci salire che abbiamo finito il turno, abbiamo il gelato!"
La mia comitiva. Fa strano definirla ancora così dopo vent'anni, ma siamo sempre noi. Allegri anche quando c'è poco da ridere, spensierati con mille pensieri, discretamente folli, come da matricole.
Semplici, come allora. Senza troppe convenzioni, cravatte e scarpe scomode.
La cucina riapre. L'acqua sobbolle. La radio si accende.
Un aperitivo improvvisato, il balcone è un lounge bar
e dalle finestre si guardano le stelle.

# Hummus

Adoro questa ricetta. Che sia inverno o piena estate, a casa o al ristorante, è un delizioso passe-partout da reinventare, che si arricchisce ogni volta di nuove idee: un aperitivo sfizioso, un entrée ricercato con verdure croccanti e ben tornite, una farcitura perfetta per una piada al volo e perché no, una buona base per un primo gustoso, fresco e nutriente.

## Ingredienti

- 700 g di ceci cotti
- 1 spicchio di aglio rosso
- Il succo e la buccia grattugiata di mezzo limone
- un mazzetto di prezzemolo o coriandolo fresco
- 1 cucchiaino di coriandolo in polvere
- 2 cucchiaini di tahina chiara
- olio EVO
- sale
- pepe

## Preparazione

Unire nel robot da cucina l'aglio, i ceci, scolati e ben sciacquati dal liquido di governo, tahina, coriandolo in polvere, 1 cucchiaio di buccia di limone grattugiata e 1-2 cucchiai di succo e iniziare a frullare, aggiungendo l'acqua necessaria ad ottenere una purea corposa ma omogenea. Incorporare poco olio a filo, continuando a frullare e regolare di sapidità. Ultimare con il prezzemolo finemente tritato, mescolando con un cucchiaio per amalgamarlo al composto. Servire a temperatura ambiente.

# Ghirlanda di pane
## ai semi

Il brunch con gli amici è allegria e condivisione, una tavolata unica con tanti piatti diversi, bicchieri di carta, posate spaiate e tanta voglia di sorridere e raccontarsi. In queste occasioni le ricette conviviali sono quelle che amo preparare di più, da portare in tavola, prendere con le mani e condividere insieme. Allora perché non preparare una bella ghirlanda di pane, semplice ma d'effetto? Ogni anello con dei semi diversi, uno intrecciato all'altro: se prendi un pezzetto per te spezzi anche il pane per chi ti è accanto. Un po' come nell'amicizia.

### Ingredienti

- 250 g di semola rimacinata di grano duro
- 250 g di farina di tipo 1
- 250 g di farina di farro
- 2 g di lievito di birra secco (6-7 g di lievito di birra fresco)
- 500 ml di latte vegetale al naturale
- 1 cucchiaino di zucchero di canna o malto
- 15 g di sale
- 60 ml di olio EVO
- semola rimacinata per spolvero

**Per guarnire**

- ½ tazzina di acqua
- ½ tazzina di olio EVO
- 1 cucchiaino di malto
- semi misti

### Preparazione

Stemperare il lievito con lo zucchero in poca acqua tiepida e attendere 5 minuti. Unire in una boule le farine e mescolarle con cura. Versare il lievito attivato e unire il latte poco per volta, incorporando la farina dai bordi con un cucchiaio e successivamente impastando a mano sul piano.
Lavorare l'impasto energicamente per 10 minuti, unendo l'olio a filo non appena inizierà a prendere corda e alla fine il sale, impastando ancora per 2-3 minuti per distribuirlo nell'impasto.
Quando risulterà ben liscio ed elastico, pirlare l'impasto e trasferirlo in un recipiente unto con poco olio. Coprire con la pellicola e lasciare lievitare a temperatura ambiente per 30 minuti, poi riporre in frigo per una notte (8-12 ore, fino al raddoppio del volume).
Al mattino togliere l'impasto dal frigo e lasciare ambientare 1 ora. Trasferirlo sul piano e dividerlo in otto porzioni, pirlare e lasciar puntare per 15 minuti. Nel frattempo stendere un foglio di carta forno in placca e disporvi al centro un coppapasta di 6-7 cm.
Preparare l'emulsione unendo acqua, olio e zucchero. Da ciascuna pallina ricavare dei cordoni spessi circa 1 cm, spennellarli con l'emulsione e passarli nei semi. Chiuderli ad anello intrecciando un cordone con l'altro e disporli attorno al coppapasta a formare una ghirlanda.
Far lievitare ancora per 40 minuti, poi cuocere in forno statico a 180°C per 30-40 minuti, con una ciotola d'acqua sul fondo, spennellando di tanto in tanto con l'emulsione fino a doratura.

*'Mandorleee, fave fritteee, bruscoliniii! Cocco fresco! grattachecca!'*

È la musica delle sagre di paese, emerge dal brusio della gente per le strade, sovrasta la banda di fiati, le giostre e la processione del Santo, persino i fuochi d'artificio. Ti riporta alla realtà in quello stordimento di odori, fumo e colori, come la mano della mamma che ti cerca tra la gente e stringe alla gonna per non perderti. In agosto il litorale si sveglia, i paesi fanno a gara di luminarie e opulenza e tutti, vecchi e bambini, turisti e non, sgomitano l'un con l'altro per guadagnarsi il posto migliore: la notte di San Rocco ogni borgo è in festa e il mare si illumina di fuochi d'artificio.

Sgagliozze e ceci secchi erano i nostri preferiti da ragazzine, io e Ilaria ne eravamo ghiotte! Passeggiavamo per le strade con la freschezza dell'adolescenza, i calzoncini corti, le treccine e la pancia scoperta secondo la moda dei '90, urlando sopra la folla per riuscire a sentirci. Allegre, sorridenti, senza pensieri.

Gli anni passano, le vacanze si riducono, l'amicizia resta. Così, quando riusciamo a vederci, preparo ancora i ceci tostati e in un attimo tutto, tutto di quegli anni torna vivido e presente.

Tranne i calzoncini.

# Ceci croccanti
## al rosmarino & lime

### Ingredienti

- 500 g di ceci cotti
- 1 lime
- 4-5 rametti di rosmarino
- 1-2 spicchi di aglio
- sale
- pepe
- olio EVO

### Preparazione

Scolare i ceci del liquido di governo e lasciarli asciugare bene. Condirli con olio, sale, pepe e allargarli in placca con carta forno. Unire l'aglio schiacciato e il rosmarino appena stropicciato tra le dita, cuocere in forno ventilato a 160°C per 30-40 minuti, smuovendoli di tanto in tanto, fino a quando saranno ben asciutti e croccanti. Una volta pronti, lasciarli asciugare in forno spento con lo sportello semiaperto.

*I ceci tostati sono uno snack sano e nutriente, che potete personalizzare con spezie ed erbe aromatiche secondo il vostro gusto. Per un'ottima riuscita scegliete sempre ceci di grosso calibro e cotti al dente: buonissimi anche alla paprika affumicata, curry e salvia, o al timo serpillo. Si conservano in un sacchetto di carta per 7-10 giorni.*

# Sticks di asparagi

Perfetti per l'aperitivo, sono una ricetta semplicissima ma di grande effetto, una sfizioseria irresistibile che piace proprio a tutti: e se accompagnate agli sticks ancora caldi una buona salsa tartara fatta in casa... allora sì che uno tira l'altro!

## Ingredienti

- 2 mazzetti di asparagi
- 300 g di pasta sfoglia (ricetta a pag. 115)
- 1 spicchio di aglio
- 1 limone
- finocchietto selvatico o aneto
- semi di sesamo bianco e nero
- sale
- pepe
- olio EVO
- 1 tazzina di latte vegetale al naturale

## Preparazione

Pulire gli asparagi ed eliminare la base più dura spezzandoli tra le dita; condirli con poco olio, sale, pepe. Scaldare una padella antiaderente e rosolarvi gli asparagi conditi con lo spicchio di aglio, sfumare con il vino bianco e cuocerli a fiamma dolce per 5-6 minuti, aggiungendo pochissima acqua se necessario (dovranno essere cotti ma ancora appena croccanti e ben verdi.) Ultimare con finocchietto tritato, 1 cucchiaio di succo di limone e poca buccia di grattugiata. Tenere da parte. Preriscaldare il forno a 200°C. Stendere la pasta sfoglia dello spessore di 2-3 mm; con una rotella tagliapasta ricavare delle fettucce larghe un cm e avvolgervi gli asparagi in modo da fasciarli completamente (senza lasciare spazi vuoti che seccherebbero in forno) lasciando fuori soltanto la punta. Spennellarli con poco latte, passarli nei semi di sesamo e trasferirli in placca con carta forno. Cuocere per circa 15 minuti o fino a doratura.

# Tartellette
## agli agretti e patate prezzemolate

### Ingredienti

- pasta brisé (ricetta a pag. 111)
- 1 mazzetto di barba di frate
- 2-3 patate a pasta gialla
- 1 spicchio di aglio
- ciliegini semi-secchi
- 1 limone
- 1 ciuffo di prezzemolo tritato finemente
- olio EVO
- pepe
- sale

### Preparazione

Preparare la brisè secondo ricetta, stenderla dello spessore di 2-3 mm e foderare gli stampini, bucherellando il fondo coi rebbi della forchetta. Cuocere alla cieca in forno ventilato a 170°C per 12 minuti e lasciare intiepidire. Nel frattempo, lavare con cura le patate e cuocerle con la buccia in abbondante acqua salata. Strofinare uno spicchio d'aglio sulle pareti di una boule, unire un filo d'olio e trasferirvi le patate cotte, in modo che prendano profumo ma che allo stesso tempo non risulti troppo invadente. Schiacciarle grossolanamente con i rebbi della forchetta, condire con olio, sale, pepe, prezzemolo e zest di limone e tenere da parte. Mondare gli agretti dei rametti più coriacei e sciacquarli con cura: sbianchirli e condirli con olio, sale, pepe e succo di limone. Comporre le tartellette distribuendo un cucchiaio di patate schiacciate sul fondo, un piccolo nido di agretti e i ciliegini.

# Fusilli al pesto di zucchine, rucola e pomodorini scottati

'Ma quanta pasta hai preparato?!'
Dieci minuti dopo è già finita.
Le insalate di pasta sono un must delle feste con gli amici, a casa come in campagna. Fresche, leggere, gustose e soprattutto coloratissime, da arricchire con verdure sempre diverse, di stagione in stagione. In primavera preparo spesso il pesto di zucchine novelle, cremoso e verdissimo grazie a un semplice 'barbatrucco' da chef, con il suo buon profumo di menta e basilico sta bene su tutto, anche su una fetta di pane.

## Ingredienti

- 500 g di zucchine novelle
- 1 patata piccola
- 1 spicchio di aglio
- 1 cipollotto fresco
- 1 fettina di zenzero fresco
- 1 limone verdello
- 1 mazzetto di basilico, prezzemolo e menta
- 1 mazzetto di rucola
- 150 g di pomodorini
- 320 g di fusilli di grano duro
- olio EVO
- sale
- pepe
- vino bianco

## Preparazione

Per un buon pesto di zucchine che conservi il suo bel colore verde è importante cuocere separatamente polpa e buccia e sbianchire le erbe e gli odori prima di aggiungerli alla salsa, in questo modo gli ingredienti non si ossideranno per via della cottura troppo prolungata e il pesto conserverà non solo il suo colore, ma durerà più a lungo pur se preparato con pochissimo olio, non contenendo elementi crudi. Tagliare i pomodorini a metà, condire con olio, sale, pepe e qualche foglia di basilico e lasciare insaporire. Mondare le zucchine delle estremità, pelarle con il pelapatate e ridurre la polpa a tocchetti grossolani. Rosolare le bucce per 2 minuti con un filo d'olio e tenere da parte. Sbianchire le erbe e lo zenzero con 3-4 cm di buccia di limone pelata a vivo e lo spicchio di aglio. Far appassire il cipollotto con un pizzico di sale e poca acqua. Quando sarà ben cotto aggiungere 2 cucchiai di olio, la polpa delle zucchine e la patata a dadini, far rosolare appena e sfumare con il vino bianco. Coprire con poca acqua (perfetta quella di sbianchitura delle erbe, ravviverà il colore della salsa) e portare a cottura (circa 15 minuti). Frullare con un frullatore a immersione gli odori con le bucce di zucchina, olio e poca acqua, incorporarli alle altre verdure e frullare il tutto. Regolare di sapidità. Scaldare una padella antiaderente senza aggiunta di condimento. Scolare i pomodorini dal liquido in eccesso e tuffarli in padella, saltandoli a fiamma vivace per pochi secondi. Cuocere la pasta in abbondante acqua salata e condirla con il pesto. Lasciare intiepidire e ultimare con la rucoletta fresca e i pomodori scottati.

# Polpettine alle fave, Basmati & finocchietto

Le polpettine di fave nascono come ricetta del riciclo, una soluzione brillante per dare nuova vita agli avanzi in frigo. Un po' di fave cotte (dalla purea del lunedì), un pugno di riso dalle insalate della settimana, zenzero e finocchietto che rinfrescano il palato e fanno sempre tanto bene. Ne risulta una ricetta semplicissima, economica e veloce da preparare, ma talmente golosa... che lascerete avanzi in frigo sempre più spesso!

## Ingredienti

- 400 g di fave bianche cotte
- 150 g di riso Basmati cotto
- 1 patata lessa di medie dimensioni (200 g)
- 1 spicchio di aglio
- 10 g di zenzero fresco
- 2 cucchiai colmi di prezzemolo e finocchietto finemente tritati
- olio EVO
- 1 pizzico di noce moscata
- sale, pepe

## Preparazione

Bollire aglio e zenzero fresco per 5 minuti in acqua non salata, oppure, se si parte dal basmati non cotto, aggiungere gli aromi al riso in cottura. Lasciare raffreddare completamente.

Unire tutti gli ingredienti, tranne la patata, in un robot da cucina e frullare ad intermittenza assieme a due cucchiai di olio fino ad ottenere un composto omogeneo ma ancora rustico e appena granuloso. Schiacciare la patata con i rebbi della forchetta e incorporarla al composto. Regolare di sapidità. Modellare le polpette con le mani inumidite e rosolarle in padella per qualche minuto per lato.

Non so immaginare piatto più adatto di una tiella, per le feste d'estate in campagna. Semplice, genuina, 'sincera': con tutta la dolcezza delle melanzane e dei pomodori più maturi. Una ricetta alla portata di tutti, anche dei più inesperti, da preparare in anticipo e portare con sé, avvolta in una tovaglia di cotone, come un tempo.
Come per le ricette più semplici, il segreto è la cura nella scelta degli ingredienti. Evitate il pangrattato industriale, troppo secco e privo di sapore, ma preparatelo in casa, grattugiando del pane raffermo: minimizzerete gli sprechi e otterrete una mollica fine, saporita e ancora poco umida, che raccoglierà tutto il profumo delle erbe e gratinerà alla perfezione, senza bruciare. Scegliete i pomodori più dolci, meglio se tutti diversi, ognuno con il suo sapore e il suo profumo: la vostra salsa avrà un bel colore corallo e un gusto unico e fresco.
Curate i dettagli e anche un'umile 'tiella' diverrà una ricetta da autentici gourmand.

# Rigatoni al forno
## melanzane & basilico

## Ingredienti

- 500 g di rigatoni di grano duro
- 3 melanzane
- 3-4 cipolline bianche
- 1.5 kg di pomodori maturi misti (piccadilly, datterino, fiaschetto, san marzano)
- 1 bicchiere di vino bianco
- 2-3 foglie di alloro
- besciamella (ricetta a pag.109)
- 1 spicchio di aglio
- basilico fresco
- 3-4 gambi prezzemolo
- origano essiccato
- pangrattato
- olio EVO
- sale
- pepe

## Preparazione

**Per la salsa di pomodoro fresco**

Mondare le cipolle e ridurle a rondelle fini; farle appassire in casseruola con il vino, l'alloro e un pizzico di sale. Quando saranno ben morbide, aggiungere 2 cucchiai di olio, l'aglio (pelato e privato del germe) e i gambi del prezzemolo e del basilico (tenete da parte le foglie per fine cottura) e lasciare insaporire a fiamma media per qualche minuto. Aggiungere i pomodori interi, coprire con un coperchio e lasciar cuocere a fiamma dolce per 20-30 minuti, aggiungendo poca acqua per volta se necessario. Al termine, togliere gli odori e frullare con il mixer fino ad ottenere una salsa fluida e liscia, incorporando poco olio a filo. Regolare di sapidità. Allontanare dal fuoco, aggiungere le foglioline di basilico e lasciare in infusione.

## Le melanzane

Mondare le melanzane del picciolo e ridurle a dadini di circa 1.5 cm. Strofinare poco aglio in una boule, aggiungervi un filo d'olio, sale, pepe e origano essiccato e unire le melanzane, mescolando con cura per distribuire il condimento.

Preriscaldare un wok (o una padella antiaderente abbastanza capiente) e, quando sarà ben caldo, tuffarvi le melanzane condite poco per volta, in modo che possano rosolare uniformemente. Portare a cottura a fiamma media, smuovendole spesso, aggiungerle poi alla salsa di pomodoro e lasciare insaporire fino al momento dell'utilizzo.

## La tiella

Lessare i rigatoni in abbondante acqua salata, scolandoli a metà cottura. Condirli con il sugo di melanzane. Oliare il fondo di una teglia e spolverarla con poco pangrattato. Distribuirvi metà dei rigatoni, condirli con qualche cucchiaiata di besciamella e coprire con la pasta rimanente. Ultimare con poca besciamella, una spolverata di origano e pangrattato e cuocere in forno statico a 200° per circa 25 minuti o fino a doratura. Lasciare intiepidire prima di sformare e servire.

*Attenzione alle bruciacchiature! Gustose, forse, ma molto dannose per la nostra salute. Controllate la cottura con attenzione e utilizzate una mollica più umida per la gratinatura, grattugiata a mano e asciugata appena in forno a bassa temperatura: io ne preparo sempre un po', da arricchire con buccia di limone ed odori e conservare in un barattolo di vetro; non rinuncerete alla vostra bella crosticina croccante, ma senza bruciature.*

# POST-WORKOUT: muoviti, muoviti, muoviti!

Orari improbabili, turni che si moltiplicano, tra commissioni improvvise e avventori con nessuna voglia di tornare a casa, tempi strettissimi e poco tempo per riposare: il lavoro di un cuoco è bellissimo ma usurante e la palestra è molto più di un semplice passatempo pomeridiano: diventa un salvavita.
Con orari così stretti e i troppi impegni sembra quasi impossibile alimentarsi in modo sano ed equilibrato, in modo da fornire al nostro corpo tutto ciò di cui ha bisogno per allenarsi e rimanere in salute. Ecco perché ho voluto inserire nel ricettario una sezione dedicata al mondo dello sport.
Dalla schiscetta ai cereali ai biscotti per la colazione, dallo smoothie post-workout al club sandwich per la pausa pranzo: ricette sfiziose e ben bilanciate, ricche di proteine e a basso impatto glicemico, personalizzabili secondo le proprie esigenze, facili e veloci da preparare. Da infilare nello zaino o da gustare al ritorno a casa e perché no, anche da condividere con chi in palestra non ci va ancora.

# Quinoa nera
## alla mediterranea

L'alimentazione dello sportivo deve essere quanto più varia ed equilibrata possibile, apportare il giusto quantitativo di proteine e fibre senza dimenticare il ruolo dei carboidrati, carburante per il sistema nervoso, cuore e muscoli. Alcuni micronutrienti, però, meritano più attenzione di altri, sia nella preparazione alle prestazioni sportive sia in fase di recupero.

La quinoa nera è uno pseudo-cereale completo di tutti gli aminoacidi essenziali, è naturalmente privo di glutine e apporta vitamine del gruppo B, magnesio, folati e vitamina C, fondamentali per mantenere una buona ossigenazione dei tessuti e ridurre crampi e affaticamento in fase di recupero. I ceci bianchi forniscono proteine, fibre e carboidrati a lento rilascio essenziali per ripristinare il glicogeno dei muscoli e mantenere sazi a lungo, mentre rucola e ciliegini secchi sono un'importante fonte di potassio e magnesio, calcio, ferro e soprattutto di nitrati, precursori dell'ossido nitrico fondamentale per migliorare l'ossigenazione muscolare (con miglioramento delle prestazioni), ridurre la pressione arteriosa e aumentare la resistenza alla fatica negli sport di endurance. I semi di canapa, infine, apportano acidi grassi essenziali, proteine e antiossidanti, migliorano le prestazioni muscolari, aiutano a ridurre i tempi di recupero e lo stress ossidativo a carico del muscolo.

Ecco che, con qualche piccola attenzione, nasce una ricetta ben bilanciata dal punto di vista nutrizionale, che è anche un'insalata gustosa e saporita, comodissima da infilare nello zaino e perfetta da gustare fredda, dopo l'allenamento.

## Ingredienti

- 300 g di quinoa nera
- 300 g di ceci bianchi cotti
- 1 manciata di ciliegini secchi
- 1 mazzetto di rucola
- 1 spicchio di aglio
- 4 cucchiai di semi di canapa
- 1 limone
- olio EVO
- sale
- pepe

## Preparazione

Sciacquare con cura la quinoa sotto l'acqua corrente con l'aiuto di un setaccio a maglia fine. Cuocerla nel doppio del volume di acqua, salare e tenere da parte. Bollire i ciliegini secchi per pochi minuti, strizzarli e ridurli a listarelle.

Strofinare uno spicchio di aglio in una boule, unire 4 cucchiai di olio, sale, pepe, 1 cucchiaio di zest di limone e 2 cucchiai di succo. Aggiungere i ceci bianchi all'intingolo, la quinoa, i ciliegini e la rucola spezzettata con le mani, mescolare con cura e ultimare con i semi di canapa.

*Il tocco in più? Scaldate la boule con il condimento a bagnomaria, sulla pentola dei ciliegini (l'olio appena tiepido esalterà tutto il profumo del pepe e del limone e sarà più semplice sciogliere il sale) e utilizzate l'acqua per cuocere la quinoa: userete meno sale e sarà saporitissima!*

# 'Granotto' al pesto di cavolo nero

Naturalmente privo di glutine e più ricco di proteine rispetto ai cereali più comuni, il grano saraceno ha un basso indice glicemico, un buon tenore di acidi grassi e fibre ed è un'importante fonte di vitamine del gruppo B, vitamina PP, sali minerali (ferro, fosforo, rame, zinco, selenio e soprattutto potassio, in misura superiore agli altri cereali), flavonoidi e antiossidanti. La rutina rafforza le pareti dei capillari, migliorando il microcircolo, aumentando l'apporto di ossigeno ai muscoli e riducendo i tempi di recupero: un alimento tonico e nutriente, utile per chi pratica sport come anche in età matura e in gravidanza.Il cavolo nero, ricco di acqua e potassio, utili al ripristino dell'equilibrio elettrolitico, completa l'apporto di antiossidanti, vitamina C e carotenoidi: con qualche fiocchetto di tofu morbido e dei pomodorini semi-secchi a dare freschezza e dolcezza, possiamo goderci una ricetta davvero sana e ben bilanciata, ma soprattutto un primo piatto da leccarsi i baffi!

## Ingredienti

- 320 g di grano saraceno decorticato
- 1 mazzo di cavolo nero
- 1 cipollotto fresco
- 1 gambo di aglietto fresco o 1 spicchio di aglio
- 1 panetto di tofu silk
- 2 cucchiai di lievito alimentare in scaglie
- 1 limone verdello
- ciliegini secchi al naturale
- sale
- pepe
- olio EVO

## Preparazione

Mondare con cura il cavolo nero eliminando la costa centrale e sbianchirlo in acqua salata. Far appassire il cipollotto fresco in poca acqua con un pizzico di sale, quando sarà ben cotto e il fondo evaporato aggiungere due cucchiai di olio e l'aglietto a fettine sottili. Lasciare insaporire un minuto, poi unire il cavolo nero e lasciar cuocere per 5 minuti. Trasferire al blender e frullare, unendo 1 cucchiaino di zest di limone e 1 cucchiaio di succo, montando la salsa con poco olio a filo e aggiungendo la quantità di acqua necessaria ad ottenere un pesto fluido e vellutato. Regolare di sapidità e tenere da parte.

Scottare i ciliegini per pochi minuti, scolare e tritare grossolanamente. Sciacquare con cura il grano saraceno fino a quando l'acqua non risulterà limpida, tostarlo dolcemente in padella e cuocerlo in abbondante acqua salata per circa 20 minuti, scolandolo al dente. Ripassare in padella con il pesto e poca acqua di cottura del cavolo nero, mantecare con una spolverata di lievito alimentare e ultimare il piatto con i ciliegini e il tofu morbido in fiocchi.

*Granotto, orzotto, farrotto sono tutte alternative al classico risotto che permettono di beneficiare delle proprietà di cereali sani e nutrienti, ma per natura poco adatti alla cottura per assorbimento.*
*Non solo: si preparano in fretta! Basta avere da parte del cereale cotto e un buon pesto (anche un avanzo di vellutata andrà benissimo) ed è facile immaginare ricette sempre nuove e gustose, e perché no, anche zero spreco.*

# Chicche di spinaci, tofu a alga Wakame

Golose, nutrienti e saporitissime, sono la cena perfetta dopo la palestra. Gustose e bilanciate dal punto di vista nutrizionale, velocissime da preparare se si gioca un po' di anticipo, contengono tutti gli aminoacidi essenziali, calcio e ferro necessari per fornire ai muscoli un valido aiuto per il recupero. Grazie all'ottimo apporto di potassio, magnesio, vitamine del gruppo B e beta-carotene, l'alga Wakame completa il pool di micronutrienti necessari e conferisce a queste chicche un gusto irresistibile!

## Ingredienti

- 150 g di spinaci cotti e strizzati
- 300 g di riso Basmati cotto
- 1 piccolo spicchio di aglio
- 1 panetto di tofu fermo
- 15 g di alga Wakame
- 15 g di prezzemolo e basilico tritati
- 1 cucchiaio di buccia di limone grattugiata e 1 cucchiaio di succo
- olio EVO
- sale
- pepe

## Preparazione

Mettere in ammollo l'alga in una tazza d'acqua tiepida per 5 minuti, strizzare e tenere da parte. Frullare insieme tutti gli ingredienti nel robot da cucina con 2 cucchiai di olio, regolare di sale e pepe e lasciare riposare il composto in frigo per almeno 30 minuti.

Con due cucchiai, o con le mani unte con poco olio, modellare delle chicche grandi quanto una noce e rosolarle in una padella antiaderente pochi minuti per lato, fino a doratura.

*Il succo di limone, unito all'impasto delle chicche, permette di assorbire al meglio il ferro contenuto negli spinaci. Se vi sentite un po' fiacchi o soffrite di anemia, accompagnatele con una buona insalata di pomodori e rucola per fare il pieno di ferro e antiossidanti!*

Gli smoothie sono un'ottima soluzione per reintegrare liquidi e sali minerali persi con l'allenamento e con qualche ingrediente ad hoc possono essere arricchiti in aminoacidi a rapido assorbimento, zuccheri complessi o acidi grassi in relazione alle necessità specifiche del nostro organismo, alla tipologia di sport e alle fasi di allenamento.

Albicocche e melone Cantalupo sono l'ideale per fare il pieno di carotenoidi, vitamina C e antiossidanti: apportano vitamine del gruppo B e zuccheri semplici e grazie all'ottimo contenuto di acqua e sali minerali (soprattutto potassio e calcio) rafforzano l'apparato osteo-articolare e aiutano a ripristinare l'equilibrio elettrolitico. Il latte di cocco, infine, protegge la salute delle ossa grazie al buon quantitativo di calcio e acido laurico, oltre a completare il pool di acidi grassi necessari al benessere cardiovascolare.

# Smoothie post-workout
## al melone, albicocche & cocco

## Ingredienti
PER 4 SMOOTHIE

- ½ melone Cantalupo
- 8-10 albicocche
- 200 ml di latte di cocco
- 4 cucchiai di mirtilli
- 1 limone
- scaglie di cocco
- foglie di basilico o menta

## Preparazione

Pulire le albicocche e dividerle a metà, pelare il melone, eliminare i semi e dividerlo a tocchetti di un paio di cm. Trasferire la frutta in un sacchetto per alimenti e conservare in freezer per almeno tre ore. Al momento di servire, frullare la frutta al blender assieme al succo di limone e al latte di cocco, dividere nei bicchieri e decorare con mirtilli freschi, scaglie di cocco e qualche fogliolina di basilico.

*Smoothie e sorbetti sono un'ottima soluzione a zero spreco: basta congelare la frutta troppo matura per evitare che finisca nella pattumiera e avere sempre a disposizione gli ingredienti per le vostre ricette. Il consiglio? Preparate delle bustine monoporzione con combinazioni sempre diverse e ogni giorno avrete il vostro smoothie bello fresco in 3 minuti!*

# Biscotti della salute

Bastano delle banane mature, frutta secca e fiocchi di avena per questi biscotti golosi e super salutisti! Scegliete i semi che amate di più e se siete in vena di coccole aggiungete una spolverata di farina di carrube o cacao amaro: prendersi cura di sé non è mai stato così delizioso! La frutta secca è un'importante fonte di energia, di oligoelementi e vitamine del gruppo B utili per regolare il metabolismo, previene gli attacchi di fame e grazie all'ottimo apporto di acidi grassi essenziali protegge i nostri muscoli dallo stress ossidativo dell'allenamento. Magnesio e potassio delle banane aiutano a ripristinare l'equilibrio salino e prevengono dolori e crampi muscolari dopo un'intensa attività fisica, mentre amidi e zuccheri semplici sono essenziali per ricostituire le riserve di glicogeno. E l'amasake? Un dolcificante naturale di origine giapponese, a basso indice glicemico e ipocalorico (solo 150 kcal per 100g, a fronte delle 400 dello zucchero) ottenuto dalla fermentazione del riso: delizioso anche in purezza come dessert grazie al sapore dolce e delicato, è perfetto come alternativa allo zucchero per dolcificare biscotti e creme. Una delizia ancora poco conosciuta ma tutta da scoprire!

## Ingredienti

- 3 banane mature
- 150 g di noci e nocciole
- 40 g di fiocchi di avena
- amasake o malto per dolcificare
- 2 cucchiai di succo di limone
- 2 cucchiaini di farina di carrube o cacao
- 1 pizzico di cannella

## Preparazione

Tritare finemente la frutta secca, unire la farina di carrube e i fiocchi di avena. A parte, schiacciare le banane con una forchetta e unire la purea alle polveri, mescolando con cura. Dolcificare a piacere con malto o amasake e lasciare riposare il composto in frigo per 30 minuti. Preriscaldare il forno in modalità ventilata a 170°C. Con un cucchiaio inumidito, depositare una noce di composto su placca con carta forno e cuocere per 20 minuti. Lasciare raffreddare sulla griglia del forno.

*Oggi è sempre più semplice trovare in commercio l'amasake, nel reparto macrobiotico di negozi bio e specializzati, nelle erboristerie più fornite oppure online. Se avete fatto i bravi in palestra aggiungete pure una manciata di uvetta o cranberry, oppure lasciateli in bianco e unite mango e scaglie di cocco per un delizioso tocco tropicale!*

# Indovina chi viene a cena! (Ricette veg a prova di onnivoro)

Sfatiamo un mito: se molti di voi sono convinti che avere a cena un vegano sia un grattacapo non da poco, bene, sappiate che per noi è lo stesso. Perché capita sempre, prima o poi, di avere a tavola un parente o un vecchio amico poco avvezzo ai cambiamenti, che non assaggia per principio o che trova tutto insipido, che si porta la schiscetta di nascosto per timore di patire gli stenti di una domenica senza carne e di una torta senza uova o latticini.

Cosa preparare, dunque?

Tofu solo se lo nascondo, avocado non se ne parla, legumi non gli vanno un gran giù e se tiro fuori lo zenzero anche questa volta di sicuro non me lo perdonano. La soluzione? Appellarsi alla Memoria del gusto.

Quella che ci fa pensare alle domeniche dalla nonna con l'odore dell'origano e della salsa di pomodoro, all'estate in campagna e al profumo delle melanzane grigliate. Alle polpette di pane, ai carciofi in pastella, all'odore dei capperi brustoliti della tiella di patate e peperoni.

Profumi fruibili, sapori riconoscibili, ricette sempre nuove e diverse, ma che strizzano l'occhio alla cucina che fu. Da ogni vecchio libro di cucina c'è qualcosa da imparare, ogni paese, regione, città può vantare una tradizione vegetariana o vegana, prima che la si chiamasse così.

La cucina dei poveri, delle masserie e delle case di campagna, umile negli ingredienti, ricca nei sapori. Un patrimonio di ricette da cui attingere, per ricreare emozioni ed inventare una cucina nuova e sostenibile, che piaccia, davvero, a tutti.

# Arrotolata di scarola e patate prezzemolate

L'amaro della scarola, la dolcezza delle olive nere e dell'uvetta, la freschezza delle patate prezzemolate che sorprende e la salinità dei capperi, raccolti in estate con la Franca, lungo i muri a secco.
È pieno inverno ma in un attimo torni in vacanza: i vestiti umidi sopra il costume, la schiena scottata, i tuffi dalla scogliera, quando il pomeriggio si attarda e tutti vanno via. Il profumo dei pini e dell'uva rampicante in giardino, ancora acerba, le prugne verdacchie e i limoni con lo zucchero, addentati in tutta fretta al ritorno dal mare.
In una sola ricetta c'è il ricordo di una terra, di giorni sereni e senza pensieri. In un assaggio, la memoria del tempo che è stato.

## Ingredienti

- 500 g di pasta sfoglia (ricetta a pag. 115)
- 1 grosso cespo di scarola
- 1 patata grande
- 1 spicchio di aglio
- 2 cucchiai di lattuga di mare in fiocchi (o di alga Wakame)
- 1 manciata di mandorle non pelate
- 1 peperoncino fresco
- 2 cucchiai di capperi dissalati
- 3 cucchiai di olive nere di Gaeta
- 2 cucchiai di uvetta
- 1 ciuffo di prezzemolo
- sale
- olio EVO
- vino bianco

## Preparazione

Sbianchire la scarola. Mettere in ammollo le alghe in acqua tiepida e l'uvetta in poco vino bianco, strizzare e tenere da parte. Scaldare una padella antiaderente. Unire olio, aglio, peperoncino e le alghe ben strizzate. Far insaporire un minuto, aggiungere la scarola ben strizzata e sfumare con il vino dell'uvetta. Portare a cottura (5 minuti) e infine unire l'uvetta, i capperi, le mandorle tritate grossolanamente e le olive denocciolate. Lasciare insaporire ancora pochi minuti, regolare di sapidità e far intiepidire. Cuocere le patate, pelarle e schiacciarle grossolanamente; condirle con poco olio, sale, pepe, prezzemolo tritato e unirle alle scarole. Preriscaldare il forno a 200°C in modalità ventilata. Stendere la sfoglia in un rettangolo di 3 mm di spessore, dividerlo a metà lungo il lato maggiore e sovrapporre appena le due parti, in modo da ottenere una fettuccia più lunga, larga circa un palmo. Inumidire i margini della sfoglia, riempirla con la farcia e chiuderla su sé stessa, stringendo bene per sigillare il ripieno. Arrotolarla a spirale e trasferire in teglia. Bagnare appena la superficie con un pennello per far aderire le mandorle a filetti, infornare abbassando la temperatura a 180°C e cuocere per circa 35 minuti, fino a doratura.

# Tartellette alle rose

## Ingredienti
PER 12 TARTELLETTE

- 300 g di pasta brisè (pag.111)
- 3-4 zucchine grandi o altre verdure a scelta
- 1 mazzetto di aneto e dragoncello
- 1 gambo di aglietto fresco
- 450 ml di bevanda vegetale al naturale
- 100 g di farina di riso
- 50 g di farina di ceci
- 1 punta di curry dolce
- 1 cucchiaio di lievito alimentare in scaglie
- 1 limone
- sale
- olio EVO

## Preparazione

Preparare la brisè secondo ricetta base, stenderla dello spessore di 3-4 mm e foderare gli stampini per le tartellette. Cuocere alla cieca in forno ventilato a 170°C per dieci minuti. Lasciare intiepidire. Nel frattempo, preparare la farcia: unire nel blender le farine, il latte, 30 ml di olio, curry e lievito, frullando per pochi minuti fino ad ottenere una pastella omogenea. Regolare di sale e tenere da parte. Mondare le zucchine delle estremità. Ricavare delle lunghe fettucce con il pelapatate, ridurre torsoli e scarti a julienne e rosolarli per pochi minuti in padella con l'aglietto tritato e un filo d'olio. Unire le verdure cotte alla farcia ed ultimare con un cucchiaino di buccia di limone grattugiata e con le erbette tritate. Versare il composto nelle basi di brisè, riempiendole per non più della metà. Sovrapporre le fettucce di verdure e arrotolarle su loro stesse per comporre delle rose. Adagiarle delicatamente sulla crema e rimettere in forno per circa 25 minuti.

*Se non trovate aneto e dragoncello sostituiteli con prezzemolo, basilico e mentuccia. E se non è più tempo di zucchine? Provatele alla zucca e rosmarino, saranno deliziose!*

La tavola delle domeniche d'estate ha il profumo delle melanzane grigliate. Con il prezzemolo tritato spesso, menta, aglio e olio buono. Le friselle di grano duro, olive in padella e pomodori maturi. Basterebbe questo per fare festa. In estate anche il risotto prende i profumi dell'orto, vestendosi di erbette fresche e di un goloso manto di briciole!

# Risotto
## alle melanzane & briciole

### Ingredienti

- 1 grossa melanzana tonda
- 1 cipolla rossa fresca
- 1 spicchio di aglio rosso
- 300 g di riso Carnaroli
- 1 L di brodo vegetale
- 1 mazzetto di prezzemolo fresco, menta e basilico
- origano fresco o maggiorana
- 1 limone
- lievito alimentare in scaglie
- sale
- pepe
- olio EVO
- 1 frisa di grano duro o farro
- vino bianco

### Preparazione

Sbriciolare la frisa grossolanamente al mortaio o al coltello e scaldarla a secco in padella, a fiamma bassa; quando le briciole saranno ben calde toglierle dal fuoco e condirle con un filo d'olio, sale, pepe, zest di limone e prezzemolo tritato; mescolare e allargarle su un vassoio per farle asciugare. Ridurre la melanzana a dadini e condirla con un pizzico di sale, origano e un filo d'olio, mescolando con cura per distribuire il condimento. Rosolare per qualche minuto a fiamma media fino a quando saranno ben morbide, poi strofinare l'aglio sul fondo di una boule e trasferirvi le melanzane ancora calde. Lasciare insaporire. Nella stessa casseruola tostare il riso a secco, a fiamma dolce e smuovendolo spesso, fino a quando apparirà opaco ed emanerà un dolce profumo di tostatura. Non dovrà colorire. Tenere da parte. Affettare la cipolla molto finemente e farla appassire nella stessa casseruola con un pizzico di sale e poca acqua. Quando sarà ben cotta unire il riso, l'aglio e due cucchiai di olio, far insaporire un minuto e sfumare con il vino bianco. Lasciar evaporare, regolare di sale e coprire con poco brodo caldo; dopo 5 minuti unire le melanzane e portare il riso a cottura, mescolando di tanto in tanto e aggiungendo ancora poco brodo all'occorrenza. Quando sarà ben cotto ma ancora appena al dente, aggiungere le erbette finemente tritate, pepe e zest di limone. Mantecare con una spolverata di lievito in scaglie e olio crudo. Lasciare posare il risotto per 2 minuti e servire con le briciole profumate.

Una ricetta antica, semplice, saporita, di quelle che si preparano da sole, mentre apparecchiamo la tavola, stappiamo un buon vino e affettiamo il pane fresco. Le domeniche in famiglia sono proprio così: qualche sedia in più, le finestre aperte, i piatti fondi che non bastano mai. Orecchiette di grano duro, spesse e carnose come solo quelle artigianali sanno essere, comprate al mattino nella città vecchia con le focaccelle tonde di Santa Teresa dei Maschi. Qualche tarallino, olive leccine, mandorle fresche e una tazza di lupini; tra una chiacchiera e l'altra si è già sazi ma poi si schiude il forno... ed è domenica, per davvero.

# Orecchiette al pomodoro infornato & cipolla di Tropea

## Ingredienti

- 400 g di orecchiette di grano duro fresche
- 2 cipolle rosse di Tropea fresche
- 1 kg di pomodori misti ben maturi
- 2 spicchi di aglio
- 1 mazzetto di odori (timo, maggiorana, origano fresco)
- 150 g di pane raffermo di semola o farro
- 1 mazzetto di basilico fresco
- vino bianco
- sale
- pepe o peperoncino
- olio EVO

## Preparazione

Preriscaldare il forno in modalità statica a 200°C. Grattugiare il pane raffermo e farlo asciugare in padella a fiamma molto dolce, senza olio. Trasferire in una boule e condire ancora caldo con sale, pepe e origano fresco. Tenere da parte. Ridurre le cipolle a rondelle fini, trasferirle in una pirofila con 1 foglia di alloro e un pizzico di sale, bagnare con poco vino bianco e far appassire in forno per 10 minuti. Nel frattempo mondare i pomodori del picciolo, tagliare i più grandi a fette e i più piccoli a metà o interi. Unirli alle cipolle assieme a 1 spicchio di aglio schiacciato e il mazzetto di odori, spolverare con la mollica di pane, condire con un filo d'olio e cuocere in forno a 180°C per 20 minuti, fino a doratura. Cuocere le orecchiette in abbondante acqua salata, scolandole al dente. Unirle in pirofila all'intingolo ancora caldo e al basilico, mescolare con cura e servire in tavola con una spolverata di briciole croccanti.

*In una ricetta così semplice il segreto risiede proprio nelle materie prime: utilizzate pane raffermo di buona qualità grattugiato a mano in luogo del pangrattato, e approfittate della bella stagione per scegliere dei pomodori tutti diversi, ognuno con il suo sapore e la sua consistenza; daranno al piatto un gusto unico, rotondo ed equilibrato, senza punte di acidità.*

# Focaccelle al pomodoro e timo serpillo

Eccole, le focaccelle di Santa Teresa! Quelle nuvolette saporite e morbidissime sotto una cascata di pomodorini maturi, dolci e disgraziatamente bollenti, che macchiavano il vestito buono ad ogni morso, di grandi e piccini, senza distinzione.
La fila di rito in pasticceria per comprare le pastarelle e giù insieme per le vie della città vecchia. Nessuno sapeva dove fosse di preciso, quel panificio: chi ricorda il chiostro, chi un arco, una casa o una vecchia bottega, ma la realtà è che alle spalle della Colonna Infame il borgo antico è un dedalo di strade e vicoli ciechi, le chiese non si contano più e rischi di invadere un cortile privato ad ogni passo.
Non occorrevano mappe: era il profumo a guidarci. Non è qualcosa che si possa spiegare, nulla di simile alla focaccia dei quartieri moderni: l'odore della legna e della pietra calda, il salmoriglio e il sapore di Coratina, il profumo irresistibile dei pomodori caramellati, della crosta appena brunita e, su tutti, il timo serpillo. Era il profumo delle focacce di campagna, morbide e poco unte, figlie di mani sapienti e della lunga lievitazione, che dava a quella mollica un aroma e un'elasticità tutta sua.
Nessuno ha mai saputo la ricetta. Questa è la mia versione: dorata e leggera grazie alle semole di Puglia, con tutto il buono del farro e dei pomodori più dolci. Il timo del mio balcone, che curo con ogni premura, e il nostro olio, che profuma di antico e di sapori veri.

## Ingredienti

**Per l'impasto**

- 400 g di semola rimacinata di grano duro
- 600 g di farina di farro
- 650-680 ml di acqua tiepida
- 3 g di lievito di birra secco
- 1 cucchiaio di zucchero di canna o malto
- 80 ml di olio EVO
- 20 g di sale

**Per condire**

- 1 kg di pomodori misti maturi di piccolo calibro (datterini, ciliegini, fiaschetto)
- 1 presa di sale
- 70 ml di olio EVO
- 70 ml di acqua tiepida
- timo serpillo

## Preparazione

Stemperare il lievito il 500 ml di acqua tiepida, unire lo zucchero e lasciare attivare per 5 minuti. Unire le farine all'acqua tutte in una volta, impastare al cucchiaio e aggiungere poco per volta la restante acqua. Quando l'impasto inizierà a prendere corda, unire poco per volta l'olio a filo, badando di farlo assorbire bene dopo ogni aggiunta. Non appena riprenderà corda trasferire sul piano di lavoro e impastare energicamente per altri 7-8 minuti. Unire il sale e impastare ancora, fino ad ottenere un panetto morbido, duttile ed elastico. Trasferire in una boule, ungere la superficie e coprire con la pellicola trasparente. Lasciare lievitare a temperatura ambiente per 1 ora e trasferire in frigo per una notte (8-12 ore), fino al raddoppio. Al mattino, portare l'impasto fuori dal frigo e far ambientare per 1 ora circa. Trasferirlo sul piano spolverato, allargarlo con le mani e dare una piega a tre. Lasciare puntare 15 minuti, poi dividere in porzioni da 80 g circa e pirlare. Trasferire in teglia, allargare ciascuna focaccia delicatamente con le dita e lasciare lievitare per un'ora, coperte da pellicola, fino al raddoppio. Preparare il salmoriglio emulsionando olio e acqua e regolando di sale. Trascorsa la seconda lievitazione, strappare i pomodorini con le mani e condirvi le focaccine, premendo delicatamente per farli affondare nella pasta. Irrorare di salmoriglio, spolverare con il timo e lasciare lievitare ancora appena, giusto il tempo di portare il forno in temperatura. Preriscaldare il forno in modalità combinata a 220°C, disponendo un pentolino d'acqua sul fondo. Cuocere le focaccine per 12-15 minuti, fino a quando saranno ben dorate.

# Torta di verze e cipollotti

La torta di verdure è una ricetta conviviale, golosa ed economica, facile da preparare e che piace davvero a tutti. Ottima anche tiepida o fredda e perfetta da preparare in anticipo, si arricchisce di verdure di stagione sempre diverse, erbe aromatiche e spezie. La nostra preferita? Con cavolo verza, curry dolce e cipollotto fresco. Una spolverata di finocchietto, pepe a volontà e in un attimo è già sparita!

## Ingredienti

- 330 g di farina di ceci
- 1 L di acqua
- 200 g di cipollotto
- 1 verza (600 g)
- 1 cucchiaio colmo di lievito in scaglie
- 1 cucchiaino di curry dolce
- sale
- pepe
- olio EVO
- finocchietto

## Preparazione

Stemperare la farina nell'acqua tiepida con una frusta, regolare di sale e lasciare riposare per un'ora. Nel frattempo, mondare la verza del torsolo e ridurla a fettine sottili. Sbianchirla in acqua salata e strizzarla con cura. Ridurre a fettine il cipollotto fresco e tritare finemente il finocchietto. Unire le verdure alla pastella, aggiungere curry e lievito in scaglie e controllare di sapidità.

Preriscaldare il forno a 200°C. Versare una tazzina di olio sul fondo della tortiera, distribuirlo uniformemente e unire il composto, livellando la superficie con una spatola. Cuocere in forno ben caldo per 40 minuti, fino a quando la superficie sarà ben dorata. Lasciare intiepidire prima di sformare e servire.

# Clafoutis alle ciliegie

## Ingredienti
PER 6 CLAFOUTIS

- 100 g di farina di riso
- 100 g di mandorle
- 100 g di zucchero di canna integrale
- 250 g di ciliegie denocciolate
- 50 ml di olio di riso
- ½ bustina di cremor tartaro
- 1 limone
- 1 pizzico di vaniglia bourbon in polvere
- 1 pizzico di sale
- 150 ml di bevanda vegetale

## Preparazione

Preriscaldare il forno a 180°C in modalità combinata. Frullare finemente le mandorle nel robot da cucina con farina, zucchero, lievito e sale; aggiungere 1 cucchiaio di buccia di limone grattugiata e 1 cucchiaio di succo, unire poi olio e latte e frullare ancora brevemente, in modo da ottenere una pastella liscia e omogenea. Distribuire il composto negli stampini, riempiendoli per metà, e farvi affondare delicatamente le ciliegie. Cuocere per 20-25 minuti circa a 170°, servire tiepide o a temperatura ambiente.

# Crumble di mele alle nocciole e fiocchi di avena

Semplicissimo da preparare, goloso e versatile, il crumble richiede poco tempo (e pochissima manualità), riesce al primo colpo anche se siete dei completi disastri ai fornelli e potrete dire di aver portato in tavola un 'cult' della pasticceria anglosassone.

## Ingredienti

**Per il crumble alle nocciole**

- 250 g di farina integrale
- 50 g di fiocchi di avena
- 100 g zucchero di canna
- 100 g di nocciole
- 1 pizzico di vaniglia Bourbon in polvere
- 100 ml di olio EVO
- qualche cucchiaio di limoncello, mandarinetto o altro liquore

**Per la farcia**

- 4 mele golden
- 4- 5 cucchiai di zucchero di canna integrale
- 1 limone
- cannella in polvere
- 2 manciate di uvetta zibibbo o sultanina
- 2 manciate di pangrattato

## Preparazione

Tagliare le mele a tocchetti di un paio di cm, irrorarle con il succo di limone, condirle a piacere con zucchero e cannella; coprire con la pellicola e lasciare insaporire per una mezz'ora.

Preparare il crumble: riunire in una ciotola tutte le polveri, le nocciole tritate grossolanamente e la vaniglia. Versare l'olio a filo e lavorare il composto brevemente con le dita fino a formare un impasto molto bricioloso. Unire il liquore a cucchiaiate nella misura necessaria ad ottenere delle briciole piuttosto grossolane.

Preriscaldare il forno a 180°C in modalità ventilata.

Ungere una pirofila con l'olio e spolverarla con il pangrattato, lasciandone un pochino sul fondo in modo che assorba l'umidità della frutta in cottura. Distribuirvi sopra le briciole, compattandole appena sui bordi ma senza pressarle troppo. Cuocere in forno ben caldo per 35-40 minuti e lasciare intiepidire.

*Il crumble è un dolce semplice e casereccio adatto a diversi tipi di frutta e a tutte le stagioni. Provatelo in primavera con frutti rossi e mandorle, alle pesche, oppure nespole, noci di Macadamia e cardamomo: perfetti appena tiepidi con una pallina di gelato alla vaniglia!*

# Comfort food

L'odore del pane fresco, il profumo di una buona torta.
Un grembiule di cotonaccio logoro e sdrucito ma troppo caro da gettare via.
Il rigagnocchi della nonna, un cucchiaio di legno cui non sai rinunciare, il sapore della crema calda e della pasta fresca che rubacchiavi dal tavolo, credendo di non essere vista.
Gli occhi della mamma erano dappertutto ma ti lasciava fare, tra gnocchi di patate e tagliatelle di grano duro.
Le zuppe di legumi che profumano di antico, le lasagne della domenica e il profumo del soffritto alla domenica presto, un tozzetto di pane macchiato di sugo per colazione. Il maxi-burger della prima sera in casa nuova, il materasso per terra circondati dagli scatoloni, la mousse au chocolat delle occasioni speciali. Una persona cara scomparsa troppo presto e un'unica, grande, caotica famiglia, chiassosa e invadente come tutte le famiglie del Sud, appassionata e rivoluzionaria come chi viene dal Nord.
Intime, intense, sono le ricette del cuore.
Figlie del tempo che scorre e della memoria condivisa.

# Pane rustico

Tutto nasce dal pane. Semplice. Puro. Senza tempo.

Da piccina ti incantavi a guardare le vecchie di paese impastare il pane sull'uscio di casa, al sole e all'aria fresca del mattino. In punta di piedi, ti arrampicavi al tavolo con le dita per osservare quelle mani nodose e corrugate dal tempo, il grembiule di cotonaccio sempre lindo, il tamburello del ricamo sulla sedia e la fede al dito del marito che fu. Non sai quando quei gesti sono entrati dentro di te, né perché. Ma nel momento in cui prepari il pane per la prima volta, non appena tocchi l'impasto, riaffiorano naturali, immutati generazione dopo generazione, come se fossero sempre stati lì, in qualche anfratto della memoria che non sapevi neppure esistesse.

Un'impronta ancestrale, di un popolo che vive, mangia e prega sempre allo stesso modo: fiero nella più profonda umiltà, in punta di piedi nel silenzio della quotidianità. Il pane di casa si prepara senza fretta, a mano, con farine buone.

Semplice semplice, lievita a lungo e cuoce piano, ripagando pazienza e dedizione con il suo profumo.

## Ingredienti

- 400 g di semola rimacinata di grano duro
- 400 g di farina di farro
- 200 g di farina di tipo 1
- 1 g di lievito di birra secco
- 1 cucchiaino di zucchero di canna o malto
- 750 g di acqua a temperatura ambiente
- 20 g di sale

## Preparazione

Versare l'acqua in una boule e stemperarvi lievito e zucchero. Unire le farine a pioggia e impastare con un cucchiaio per pochi minuti, ottenendo un impasto stracciato e irregolare ma in cui tutta la farina sia stata assorbita. Unire il sale, impastare ancora brevemente, coprire e lasciare riposare. Dopo 30 minuti l'impasto avrà cambiato consistenza diventando appena più omogeneo e lavorabile. Dare le pieghe a tre, in ciotola o sul piano oliato, e trasferire in un recipiente capiente appena unto. Coprire e riporre in frigo per 24 ore.

Il giorno dopo portare l'impasto fuori dal frigo e lasciar ambientare per 30 minuti. Trasferire sul piano e dividere in tre forme più piccole, pirlare con cura e adagiarle in un apposito cestello di lievitazione (oppure in uno scolapasta con un canovaccio spolverato di farina) con il lato di chiusura verso l'alto.

Lasciare lievitare per almeno un'ora. Nel frattempo, portare il forno alla massima temperatura con un pentolino d'acqua sul fondo e preriscaldarvi la placca disponendola nel terzo inferiore.

Quando le forme saranno ben gonfie, capovolgerle delicatamente su dei dischi di carta forno, spolverare di farina, praticare i tagli con una lametta o un coltello affilato e trasferire sulla placca ben calda. Cuocere le forme alla massima temperatura per 10 minuti, poi, non appena inizieranno a colorire, togliere il pentolino e abbassare a 220°C. Continuare la cottura per 30 minuti ribassando gradualmente la temperatura di 20°C ogni 10 minuti, poi procedere ad asciugatura delle forme a 160°C per 15 minuti, spostandole su griglia perché asciughino bene anche sul fondo. La cottura, se condotta con delicatezza e gradualità, può durare circa un'ora. Lasciare asciugare le forme in forno spento con lo sportello semiaperto.

# La cecina dei Fornari

Il pomeriggio si attarda, l'ombra delle Torri si allunga sulle vie del borgo antico, brulicanti di buoni propositi e vivacità. Natale è vicino, via d'Azeglio è una cartolina: ci si stringe nei cappotti sorseggiando vin brulè, ci si scalda dai fornari con pane bollo e cecina. La città profuma di buono, di opulenza e brodo caldo.
Come l'è bella, la mia Bologna, sotto le Feste: con le stufe delle osterie e le luci delle strade a rischiarare il sentiero di un avvenire incerto; ma noi qui lo si prende come vien con il solito improperio, il sorriso e le gozzoviglie di sempre, che *L'è mei fâr una vizèllia che una quarèisma e Aqua d'curri.Tott i mael la porta vi.*

## Ingredienti

- 200 g di farina di ceci
- 600 ml di acqua
- olio EVO
- sale
- pepe in grani
- rosmarino fresco

## Preparazione

Preparare la pastella stemperando la farina nell'acqua con una frusta; regolare di sapidità e lasciare riposare almeno un'ora. Preriscaldare il forno a 200°C, in modalità statica. Preriscaldare la teglia in forno per un minuto, versarvi un fondo d'olio (siate generosi per una volta, dovrà condire il fondo e la superficie della farinata) e versarvi la pastella in uno spessore non superiore al mezzo cm. Unire il rosmarino fresco sfogliato e cuocere per 15 minuti sul fondo del forno, poi spostarla più in alto e continuare la cottura per altri 10 minuti, fino a quando sarà ben dorata. Servire caldissima con una spolverata di pepe macinato al momento.

# Lasagna bianca
## ai carciofi & asparagi selvatici

Da buona emiliana, le lasagne troneggiano sulla tavola delle occasioni speciali, dalle domeniche in famiglia ai giorni di festa. In primavera mi piace prepararle in versione bianca, approfittando dei carciofi più dolci e degli asparagi selvatici, per una lasagna leggerissima, senza uova e troppi grassi, gustosa e digeribile, con una bechamel impalpabile e profumata.

### Ingredienti

- 300 g di lasagne di grano duro essiccate
- 500 ml di besciamella (ricetta a pag. 109)
- 4-6 carciofi
- 2 mazzetti di asparagi
- 1 spicchio di aglio
- aneto fresco
- 1 tazza di brodo vegetale
- sale
- pepe
- noce moscata
- olio EVO
- vino bianco secco
- pangrattato (da pane raffermo grattugiato)

### Preparazione

Preparare la bechamel secondo ricetta base. Mondare i carciofi delle foglie più coriacee, togliere la barba interna, tagliare le infiorescenze a fettine sottili, pelare i gambi e ridurli a tocchetti. Immergere in acqua acidulata con succo di limone per evitare che anneriscano durante la pulizia. Pulire gli asparagi eliminando le parti di stelo più dure e pelarli solo se di grosso calibro. Scaldare una casseruola a fondo spesso, unire un filo d'olio e l'aglio schiacciato e rosolarvi gli asparagi per pochi minuti fino a quando saranno teneri ma ancora appena croccanti. Tenere da parte.
Nella stessa casseruola rosolare i carciofi a fiamma vivace per pochi minuti, sfumare con il vino, lasciare evaporare, poi regolare di sale, coprire con il coperchio e far cuocere dolcemente a fiamma bassa per 15-20 minuti. Preriscaldare il forno a 180°C. Comporre la lasagna: stendere un velo di besciamella sul fondo, sovrapporre uno strato di lasagne secche, condire con 2-3 cucchiai di bechamel, i carciofi trifolati, gli asparagi, poco lievito in scaglie, pepe, aneto e prezzemolo tritati. Proseguire con gli strati fino ad esaurimento delle materie prime, poi ultimare con besciamella, verdure e una spolverata leggera di lievito in scaglie. Bagnare i bordi della pirofila con poco brodo, in modo che scivoli sotto e ai lati della sfoglia permettedone una corretta cottura. Cospargere con poco pangrattato ed erbette tritate, ungere con pochissimo olio e cuocere in forno ben caldo per 30-40 minuti, passandola qualche minuto al grill per dorarla in superficie. Lasciare intiepidire prima di sformare e servire.

*Le lasagne, come sempre, sono ancora più buone il giorno dopo: le sfoglie si compattano, i sapori si fondono e ogni lasagna diventa quel miracolo di sapori che conosciamo da sempre. In pieno inverno provatele alle verze e tempeh, alla zucca e radicchio o con i broccoletti al vino, oppure in versione più classica, con un goloso ragù di lenticchie!*

# Zuppa di ceci
## e senape selvatica

"Le malerbe sono abituate alle avversità. Non crescono dove ordini loro di crescere, cercano da sé l'ambiente ideale dove insediarsi. Sono piante intelligenti, così resistenti da crescere e proliferare dove non cresce nulla. Generano vita dove vita non può essere: hanno in sé tutto ciò che occorre alla sopravvivenza. Per questo fanno così bene."

Le parole di un agronomo, incontrato per caso in volo verso Amsterdam, per lavoro. All'epoca lavoravo in consulenza per un'azienda di trasformazione della mandorla, qui in Puglia. Si volava verso la Free from Food e guardavamo giù, osservando i campi di granturco, a Nord. Un calice di vino, una chiacchiera, le confidenze di due professioni diverse ma indissolubili, idee comuni e comuni aspirazioni. La passione per le selvatiche.

Non avrei saputo esprimermi meglio.

Le erbe spontanee sono un patrimonio dimenticato, un'autentica ricchezza per la tavola di ogni giorno, in pieno inverno quanto in estate. Ricche di vitamine, sali minerali, acidi grassi essenziali e antiossidanti, sono un alimento cardine della cucina preventiva, oltre ad essere tutte così deliziose che è davvero un peccato conoscerle così poco.

In inverno approfittate della senape selvatica: cresce ai margini dei campi di cereali e negli incolti, ben riconoscibile grazie ai suoi fiorellini gialli e bianchi a quattro petali, disposti a croce; pur essendo una pianta erbacea, infatti, è una crucifera a tutti gli effetti come broccoletti, cavolfiori, rafano e crescione. Con tutti i vantaggi del caso: ricca di acido folico, calcio, ferro e composti solforati (isotiocianati e glucosinolati), rafforza le difese immunitarie preparandoci alla stagione fredda e possiede spiccate proprietà antiossidanti e anti-tumorali.

Un alimento povero ma così prezioso per la nostra salute, dal gusto intenso e appena piccante che è una delizia con i ceci bianchi, in una zuppa golosa che conforta e scalda il cuore.

## Ingredienti

- 1 kg di senape selvatica
- 1 peperoncino fresco
- 1 spicchio di aglio
- 400 g di ceci cotti
- 1 cipolla, 1 costa di sedano, 2 carote
- brodo di cottura della senape
- 2 foglie di alloro
- 1-2 cucchiai di lievito alimentare in scaglie
- sale
- pepe
- olio EVO
- vino bianco
- pane raffermo

## Preparazione

Mondare la senape delle radici e degli steli più duri, cuocerla in abbondante acqua salata per 5-6 minuti, fino a quando sarà tenera ma ancora ben verde, e ripassarla brevemente in padella con aglio olio e peperoncino. Tenere da parte.

Preparare il trito per il fondo di verdure e lasciarlo cuocere in casseruola a fiamma dolce con alloro, vino bianco, 4 cucchiai di olio e 1 pizzico di sale. Quando il fondo sarà evaporato unire i ceci cotti, scolati del liquido di governo, far insaporire un minuto e coprire con il brodo di cottura della senape. Regolare di sapidità e cuocere 20 minuti.

Nel frattempo preparare i crostini, tagliando il pane raffermo a tocchetti, condendolo con poco olio e sale e asciugandolo dolcemente in forno o in una padella a fondo spesso, a fiamma bassa.

A cottura ultimata unire il lievito alimentare e frullare la zuppa per un terzo, unire la senape e continuare la cottura ancora per 5 minuti. Lasciare posare per qualche minuto, servire ben calda con olio crudo e crostini.

*Provate la senape selvatica anche come contorno, ripassata in padella con aglio e peperoncino: su una buona fetta di pane casereccio, appena dorato, è una golosità irresistibile!*

Tornata in auge solo negli ultimi anni, la cicerchia è un legume antico e ancora poco conosciuto, dal gusto intenso e rotondo, con note dolci, appena nocciolate. Deliziosa con funghi e castagne per una zuppa dai profumi silvestri, robusta e saporita, perfetta per scaldarsi nelle sere più fredde.

# Zuppa di cicerchie, funghi e castagne

## Ingredienti

- 400 g di cicerchie decorticate
- 1 porro
- 1 spicchio di aglio
- 200 g di funghi misti
- 1 manciata di funghi secchi
- 2-3 foglie di alloro
- 4 cm di alga kombu
- 1 mazzetto aromatico di salvia, rosmarino e timo
- 200 g di castagne morbide al naturale
- sale
- pepe
- olio EVO
- vino bianco

## Preparazione

Sciacquare le cicerchie, coprire di acqua per almeno 3 cm e lasciare in ammollo per una notte con 1 foglia di alloro. Pulire i funghi con cura, ridurli a fette spesse e rosolarli a fiamma vivace con un filo d'olio, un rametto di timo e l'aglio in camicia schiacciato. Salare alla fine, in modo che rimangano ben croccanti e non perdano acqua in cottura. Tenere da parte.

Far appassire in casseruola il porro con poca acqua e un pizzico di sale. Preparare un brodo leggero con la parte verde, ben pulita; usarne una tazza per reidratare i funghi secchi. Quando il porro sarà ben cotto e il fondo evaporato, unire i legumi, i funghi secchi strizzati e tritati grossolanamente, il mazzetto aromatico e 2 cucchiai di olio. Far insaporire un minuto, sfumare con il vino e coprire con il brodo. Unire la Kombu e portare i legumi a cottura (50-60 minuti). Al termine, frullare la zuppa per un terzo e unire i funghi e le castagne tritate al coltello, riservandone una parte per guarnire. Proseguire la cottura per 10 minuti. Regolare di sapidità e servire la zuppa ben calda, con un filo di olio crudo, le castagne e delle erbette fresche.

*'E per cena? Burger e patatine!'*

Sì, ma altro che junk food!
Un medaglione di lenticchie nere appetitoso che profuma di bosco, l'amaro del radicchio brasato, asparagi croccanti e delle patatine novelle alla birra piccole e saporite che sembrano bomboniere, per finire con una salsa boscaiola golosa che abbraccia tutti i sapori ed è come una coccola in pieno inverno: un maxi-burger 2.0 che è il gemello buono (e sanissimo) dei più celebri cheeseburger made in USA.
Cosa si può volere di più?

# Maxi burger
## di lenticchie nere & patate alla birra

### Ingredienti
**PER 4-6 MAXI BURGER**

- 400 g di lenticchie nere Beluga cotte
- 450 g di riso integrale cotto
- 4 cucchiai di lievito alimentare in scaglie
- 4 rametti di rosmarino
- 1 manciata di funghi misti secchi
- 2 cucchiai di farina di farro
- sale, pepe
- olio EVO

### Preparazione

Cuocere le lenticchie nere secche a partire da acqua fredda con aglio, cipolla, carote e odori (cottura 25-30 minuti circa dal bollore). Salare e lasciare raffreddare completamente. Mettere in ammollo i funghi in acqua calda per circa 10 minuti, strizzare e tritare finemente. Frullare insieme il riso e le lenticchie ben scolate assieme alle verdure e odori del brodo di cottura, unire i funghi, il rosmarino tritato, lievito in scaglie e la farina necessaria ad asciugare appena l'impasto. Regolare di sapidità e lasciare riposare in frigo per almeno un'ora.

Con un coppapasta di 7-8 cm, modellare dei burger di 1.5-2 cm di spessore, trasferirli in placca con carta forno e cuocere a 185°C per 15-18 minuti, girandoli a metà cottura. Al momento di servire, rosolare i burger in padella antiaderente, scaldare il pane e farcire.

### Per le patate alla birra

- 600 g di patate novelle
- 1 birra piccola (Lager o Pils)
- 2 spicchi di aglio
- sale
- pepe
- olio EVO

### Per il radicchio brasato e asparagi

- 1 grosso cespo di radicchio tondo
- 1 noce di margarina artigianale (ricetta a pag. 93)
- aceto di vino bianco
- 1 spicchio di aglio
- 1 mazzetto di asparagi selvatici
- zest di limone
- vino bianco
- aneto o finocchietto selvatico

## Per le patate alla birra

Portare a bollore abbondante acqua salata, tuffarvi le patate novelle e scolarle dopo 3 minuti. Condirle ancora calde con olio, aglio e rosmarino. Scaldare una padella antiaderente e tuffarvi le patate, rosolare per qualche minuto e aggiungere la birra. Cuocere a fiamma media fino ad assorbimento, lasciar caramellare un minuto e regolare eventualmente di sapidità.

## Per il radicchio brasato e l'asparago sautè

Affettare il radicchio dello spessore di circa 1 cm. Scaldare una padella antiaderente, unirvi una noce di margarina e quando sarà appena dorata unire l'aglio e il radicchio. Rosolare per un minuto a fiamma vivace, sfumare con un bicchierino di aceto e lasciare evaporare. Cuocere per pochi minuti a fiamma bassa.

Mondare gli asparagi delle estremità più coriacee; non occorre pelarli se di piccolo calibro. Condirli con olio e pepe, senza sale, e saltarli in una padella antiaderente con uno spicchio di aglio. Sfumare con poco vino bianco e portare a cottura in pochi minuti. Ultimare con zest di limone e aneto fresco, regolare di sale dopo la cottura.

# Raviole alle fragole

A noi cuochi piace cambiare. Studiare, sperimentare, in una ricerca infinita. Fuggiamo oltre i confini della ricetta scritta, siamo capricciosi e indisciplinati. Bizzarri e ambiziosi, certo. Ma siamo i primi critici di noi stessi. Altre volte. No.
Le Raviole sono una ricetta del cuore, il ricordo di una Bologna che, forse, c'è ancora. Con i suoi portici, il rumore delle tazzine, il borbottio sommesso nei bar al mattino presto. I ragazzi della biblioteca in Sala Borsa, il fruscìo dei bus per via San Vitale, nel silenzio della città che si sveglia pian piano. Le serrande dei Fornari, Resto del Carlino e café crème. Le raviole sono un dolce dei panettieri: un fagottino morbido ripieno di mostarda o confettura di prugne, racchiuso in una frolla che profuma di cose semplici e buone. Si preparavano a San Giuseppe, un tempo, ma di una delizia del genere non si poteva fare a meno e così oggi troneggiano tutte le mattine nelle alzatine di bar e pasticcerie tra salate, brioche e crescentine, graziose e cicciottelle nel loro sbuffo di zucchero a velo. In ogni stagione preparo la mia versione, fragole, more di rovo, composta di fichi o mosto d'uva. Così accompagnano silenziose il ritmo delle stagioni. Come una carezza della mamma quando dormi ancora.

## Ingredienti

- 500 g di pasta frolla (ricetta a pag. 113)
- 1 cestino di fragole fresche
- zucchero di canna
- 1 cucchiaino di amido di riso
- succo di un limone

## Preparazione

Mondare le fragole del picciolo e ridurle a tocchetti di circa 1 cm, condirle con succo di limone e qualche cucchiaio di zucchero e unire l'amido di mais. Mescolare con cura e lasciare insaporire per almeno 15 minuti. Trasferire le fragole in un pentolino, portare a bollore e cuocere a fiamma bassa per 10 minuti. Lasciare raffreddare completamente. Stendere la frolla dello spessore di 4 mm, ricavare dei dischi al coppapasta e farcire con un cucchiaino di fragole, scolate dal liquido in eccesso. Chiudere le raviole e sigillare con cura. Trasferire su placca con carta forno e cuocere in forno ventilato a 170°C per 12 minuti circa, fino a doratura.

# Tarte alle susine & mandorle

Ho sempre amato i dolci da credenza. Profumati, genuini, mai troppo dolci. Preparati con ingredienti semplici che non mancavano mai in dispensa, arricchiti da marmellate e confetture tenute in serbo per l'inverno, oppure da frutta fresca troppo matura per il consumo. Soffici e un po' panosi, pensati per mantenersi fragranti per più giorni, il loro profumo si schiudeva dalla dispensa ad ogni tazza di tè, insinuandosi in tutte le stanze, sulle poltrone e tra le lenzuola. Una nota di vaniglia dolce e delicata mista all'odore di cenere e marsiglia, quasi impercettibile ma vivida, al punto da riconoscerla anche a distanza di anni. Era la fragranza di sempre, il profumo di casa. Il segno di una convivialità elegante e silenziosa come le donne di qualche tempo fa, fatta di gesti semplici, di affetti senza parole.

## Ingredienti

- 100 g di farina di riso
- 100 g di mandorle non pelate
- 100 g di zucchero di canna integrale
- 5-6 susine, croccanti ma dolci
- 150 ml di bevanda vegetale
- 50 ml di olio di riso
- ½ bustina di cremor tartaro
- 1 limone
- 1 pizzico di vaniglia bourbon in polvere
- 1 pizzico di sale

## Preparazione

Preriscaldare il forno a 180°C in modalità combinata. Denocciolare le susine e inciderle a fettine lasciandole unite alla base, in modo da poterle aprire a ventaglio. Frullare le mandorle nel robot da cucina assieme alle polveri, unire la vaniglia, il sale e la buccia di limone grattugiata. Aggiungere olio, latte e 1 cucchiaio di succo di limone, continuando a frullare. Distribuire il composto nella tortiera, riempiendola per i due terzi, e farvi affondare le susine. Spolverarle con un pizzico di zucchero, abbassare la temperatura del forno a 170°C e cuocere la torta per 40 minuti circa, controllando al termine la cottura con uno stecchino. Lasciare intiepidire nel forno spento, con lo sportello semiaperto, prima di servire.

Mangi poco, parli sottovoce, i tuoi passi silenziosi come se qualcosa che fai, o dici, possa disturbare. L'eleganza, non di questo mondo. Molti scambiano per timidezza ciò che è grazia e riservatezza, ma il tuo umorismo è esilarante, anche se lo conosciamo in pochi. Sorridi appena, quando suoni. Sul palco, o nella tua stanza, ascolti tutto e non perdi un dettaglio: ma sei un passo oltre. Non avevamo bisogno di parole, quando ci siamo incontrati. Bastava il tuo sorriso, quel sorriso. E ora che siamo un po' più vecchi, che gli anni sono passati e che questa casa parla di noi, guardo il tuo sorriso, intimo, appena accennato. E mi sorprendo. Come allora.

# Mousse au chocolat

## Ingredienti

- 200 g di cioccolato fondente di ottima qualità
- 150 g di aquafaba ben fredda
- 1 pizzico di cremor tartaro
- 2 cucchiai di zucchero di canna extra-fine o a velo
- qualche goccia di succo di limone
- 1 pizzico di sale in fiocchi

## Preparazione

Fondere il cioccolato a bagnomaria e far intiepidire. Montare l'aquafaba con le fruste elettriche con il cremor tartaro e quando inizierà a gonfiarsi unire lo zucchero poco per volta, attendendo che venga ben incorporato prima di ogni altra aggiunta, e il succo di limone. Montare a neve ferma, poi aggiungerla delicatamente al cioccolato intiepidito, stemperandolo prima con poca aquafaba e incorporando la restante mescolando con la spatola dal basso verso l'alto. Dividere il composto in 4 bicchierini e riporre in frigo per almeno due ore. Servire con scaglie di cioccolato e un pizzico di sale in fiocchi.

# Caprese al cioccolato
## & garam masala

Non amavi i dolci troppo dolci, ma di cioccolato eri ghiotto. Amaro, robusto, come il tuo tabacco. In casa tolleravo solo l'odore del tuo, perché non m'importava della tosse se potevo parlare con te: di occupazione e radio clandestine, nella Bologna dei rossi e dei paninari, del disegno tecnico in cui eri dannatamente bravo, prima che qualcosa andasse storto. Non si è mai saputo cosa, di preciso. A volte gli eventi si incastrano da sé, in un sistema di ingranaggi che non possiamo prevedere. Ma tu non ti lamentavi mai. Il tuo sorriso a denti larghi, bianchissimi, come mandorle amare.
Un tocco di Garam masala e un pensiero dolce amaro, per te che hai amato l'India più di te stesso. Forse ora, al di là delle nubi e delle montagne, sei tornato lì, vivendo di musica, la tua musica, con la compagna di una vita. Lontano lontano, nella natura più pura. Oltre la civiltà e le infrastrutture della mente e della società che non abbiamo voluto.
Padrone di nulla, ricco di tutto.
Gli abiti leggeri e il sorriso calmo.

### Ingredienti

- 350 ml di aquafaba
- 200 g di mandorle (tostate a bassa temperatura)
- 100 g di cioccolato fondente al 70%
- 140 g di zucchero di canna a velo
- 70 g di zucchero di canna integrale grezzo
- 100 g di farina di farro
- 70 ml di olio di riso
- 20 g di cacao amaro
- 1 bustina di cremor tartaro
- 1 pizzico di sale
- 1 cucchiaino raso di Garam masala

### Preparazione

Fondere il cioccolato fondente a bagnomaria e unirvi l'olio di riso Lasciare intiepidire. Scaldare per pochi secondi le spezie a fiamma dolce (in modo che sviluppino pienamente il loro profumo) e unirle alle mandorle tostate. Tritarle finemente nel robot da cucina assieme allo zucchero integrale, la farina e il cacao, unirvi il cioccolato fuso e tenere da parte. Montare l'aquafaba ben fredda con un pizzico di sale e con il cremor tartaro, aggiungendo poco alla volta lo zucchero di canna a velo non appena inizierà a incorporare aria e lavorando il composto fino a montarlo a neve ben ferma, come una meringa. Incorporare l'aquafaba montata alla pasta di mandorla, mescolando delicatamente con la spatola dal basso verso l'alto per ottenere un composto omogeneo e ben spumoso. Trasferire l'impasto nella tortiera oliata ed infarinata e cuocere per 45-50 minuti in forno statico a 180°C, controllando al termine la cottura con uno stecchino. Lasciare raffreddare in forno spento prima di sformare e servire.

# PICCOLO GLOSSARIO DI CUCINA

**Alveolatura**
Quantità e dimensione degli alveoli presenti nella mollica dei prodotti da forno.

**Aquafaba**
Liquido di governo dei ceci cotti, utilizzato in pasticceria e in alcune preparazioni salate in sostituzione delle uova.

**Autolisi**
Processo di autodigestione cellulare dovuta all'attivazione degli enzimi lisosomiali, con l'effetto di degradazione di alcune molecole in particelle più semplici. Nel processo autolitico farina e acqua (al 55%) vengono impastati brevemente e il panetto lasciato riposare (a temperatura ambiente o in cella frigo) per un tempo variabile; successivamente vengono incorporati lievito, sale ed eventualmente altra acqua per la chiusura dell'impasto. Grazie all'attivazione di peculiari reazioni enzimatiche la qualità del prodotto finito migliora considerevolmente, in termini di proprietà organolettiche (profumo più ricco e gradevole acidità della mollica), sviluppo e conservabilità. L'impasto diventa più liscio e malleabile, la formatura più agevole, aumenta maggiormente di volume in cottura e la mollica sarà più soffice e alveolata.

**Blender**
Bicchiere alto del robot da cucina, utilizzato per la preparazione di salse, cocktail, frappè. Permette di incorporare più aria rispetto al bicchiere più grande, rendendo le salse più omogenee, leggere e setose.

**Brunoise**
Piccola cubettatura di verdure della dimensione di 2-3 mm. Si ottiene riducendo prima le verdure a julienne e poi tagliandole trasversalmente

**Chiffonade**
Taglio paragonabile alla julienne per spes-

sore delle fettucce, proprio di verdure a foglia o insalate che vengono arrotolate o sovrapposte e tagliate trasversalmente

### Chinois

Colino cinese, di forma conica e a maglie fitte, utilizzato per filtrare le salse e renderle più setose e omogenee.

### Coulis

Purea di frutta (o pomodoro), cui vengono aggiunti un dolcificante e succo di limone e poi filtrata.

### Cottura in bianco/alla cieca

Cottura in forno di gusci di brisè o pasta frolla vuota, senza farcia, in modo che possa asciugarsi con cura e contenere ripieni molto umidi. Viene realizzata stendendo sul fondo un foglio di carta forno e riempiendo le forme con le apposite sferette o con legumi secchi, in modo che la pasta non si gonfi in cottura e mantenga la forma.

### EVO

Olio extravergine di oliva. Abituatevi ad averne almeno due in dispensa, uno robusto e l'altro più delicato, in modo da aggiungerli secondo necessità alle ricette.

### Farine deboli/di forza

La forza di una farina è la capacità di assorbire liquidi durante la realizzazione dell'impasto e di trattenere anidride carbonica in fase di lievitazione. È un parametro quantitativo, indicato da un numero preceduto da 'W' e misurato con l'alveografo di Chopin, che è strettamente correlato alla quantità e alla qualità del glutine formato da gliadina e glutenina per effetto dell'idratazione e dell'azione meccanica. Una farina debole ha W<160 e viene utilizzata generalmente in pasticceria dolce e salata proprio in virtù della scarsa attitudine a formare glutine (e la tendenza a mantenersi friabile e fragrante). Le farine di media forza, utilizzate nella panificazione, hanno 160<W<250 mentre le farine forti, utilizzate per i grandi lievitati, hanno W> 300.

### Idratazione (dell'impasto)

Quantità di acqua (o altro liquido) prevista in ricetta in rapporto al peso della farina. Es. un impasto con 600 ml di acqua su kg di farina avrà il 60% di idratazione.

### Incordare/incordatura/corda

Aumento della tenacia e della elasticità dell'impasto in conseguenza della formazione della maglia glutinica.

### Lievito alimentare in scaglie

Si ottiene a partire dal Saccharomyces cerevisiae, il comune lievito di birra utilizzato per la panificazione, che viene essiccato a bassa temperatura e ridotto in fiocchi mantenendo intatte le sue proprietà nutrizionali ma perdendo la capacità di favorire la lievitazione, risultando invece utile sia come insaporitore (ha gusto e profumo simili al formaggio grattugiato stagionato) che come integratore. Ricco di vitamine del gruppo B, sali minerali (soprattutto calcio, ferro e selenio) e proteine (ben 28 g su 100 g di parte edibile) complete di tutti aminoacidi essenziali, stimola il metabolismo, protegge la salute delle ossa, migliora l'aspetto di unghie e cuoio capelluto e rinforza le difese immunitarie. Un integratore completo che è anche un ingrediente utilissimo in cucina e molto saporito, da impiegare per addensare l'impasto di burger e polpette (un po' come faremmo con il formaggio grattugiato), mantecare risotti e paste saltate, dare corpo a creme e vellutate e per dare una sferzata di energia alle nostre ricette, abituandoci ad usare sempre meno sale. Il lievito devitalizzato aiuta a ripristinare l'equilibrio della flora intestinale, ma è fortemente sconsigliato in caso di candidosi intestinale. Per evitare fenomeni di sensibilizzazione ai lieviti si consiglia di non superare le quantità di 2 cucchiai al giorno a persona.

**Mirepoix**
Tipologia di taglio delle verdure che consiste nella realizzazione di cubetti di medie dimensioni (5-6 mm), spesso utilizzata per preparare il trito di verdure base di sughi e ragù.

**Mixer**
Frullatore ad immersione.

**Montare**
Incorporare aria in un liquido o emulsione.

**Pieghe di rinforzo**
Particolari tipi di pieghe date all'impasto per rinforzare la maglia glutinica, ordinare la struttura dell'impasto e favorire una buona lievitazione. La più comune è quella a portafoglio ma ad oggi è semplicissimo trovare in internet tutorial utili a prendere confidenza con le diverse tecniche.

**Pezzatura**
Dividere l'impasto in porzioni a seconda del tipo di preparazione

**Pirlare/pirlatura**
Arrotolare l'impasto tra le mani per formare una sfera liscia e omogenea, sfruttando l'attrito del piano di lavoro per ordinare le linee di forza in senso centrifugo e favorire il mantenimento della forma e la corretta lievitazione.

**Puntatura**
Breve riposo dell'impasto (da 15 minuti a 1 ora a seconda della ricetta) sul piano di lavoro, che precede la stagliatura. Dopo la sollecitazione meccanica conseguente alla preparazione dell'impasto, durante la puntatura la maglia glutinica si rilassa e l'acqua imbibisce sempre meglio la farina

passando da acqua 'libera' ad acqua 'legata' all'amido: l'impasto, di conseguenza, si asciuga e ne migliora notevolmente la lavorabilità.

**Sabbiare/sabbiatura**
In pasticceria, peculiare lavorazione della farina con la massa grassa al fine di formare un composto a briciole piuttosto fini. La sabbiatura (di frolle e brisè) conferisce alla pasta maggiore friabilità e leggerezza: le particelle di grasso, infatti, formano un film lipidico che protegge le polveri dall'eccessiva idratazione all'aggiunta di liquido contrastando la formazione di glutine, il quale, rendendo l'impasto troppo elastico, rovinerebbe la resa in cottura determinando un prodotto finito troppo tenace e gommoso.

**Sbianchire/sbianchitura**
Consiste nel cuocere brevemente gli alimenti (soprattutto le verdure) in acqua a bollore vivace e raffreddarli molto rapidamente in acqua e ghiaccio, in modo da bloccare la cottura e fissare il colore

**Stagliatura/staglio**
Dividere l'impasto in più parti prima di procedere alla pezzatura (preparazione delle singole forme.)

**Zucchero di canna a velo**
Grazie alla texture impalpabile, è essenziale per frolle montate, meringhe, mousse e pasta strudel, o anche solo per spolverare una buona torta. Se non volete acquistarlo, potete realizzarlo facilmente in casa a partire dal vostro zucchero di canna grezzo preferito, aggiungendo a 200 g di zucchero 6 g di amido di mais e un pizzico di vaniglia in polvere e lavorando nel blender alla massima potenza fino a ridurlo in polvere finissima.

# Indice

Finito di stampare
nel mese di ottobre 2020
presso Rotomail Italia S.p.A. – Vignate (MI)